CATALOGUE

DES

PLANCHES GRAVÉES

EN TOUS GENRES,

PAR LES PLUS CÉLÈBRES GRAVEURS

du XVe au XIXe siècle,

Composant le Fonds de Commerce d'Éditeur d'Estampes

de Mme veuve Auguste JEAN.

Par M. J. VALLÉE, Expert.

QUATRIÈME PARTIE.

Paris.

IMPRIMERIE ET LITHOGRAPHIE DE MAULDE ET RENOU,
RUE BAILLEUL, 9-11, PRÈS DU LOUVRE. 5225

1847

TABLE SOMMAIRE.

CATALOGUE

DES

PLANCHES GRAVÉES

EN TOUS GENRES,

PAR LES PLUS CÉLÈBRES GRAVEURS

DU XVᵉ AU XIXᵉ SIÈCLE,

Composant le Fonds de Commerce d'Éditeur d'Estampes
de Madame veuve AUGUSTE JEAN.

QUATRIÈME PARTIE.

Dont la Vente, par continuation et par suite de Cessation
de Commerce,

AURA LIEU AUX ENCHÈRES PUBLIQUES;

Les Mardi 6, Mercredi 7, Jeudi 8, Vendredi 9, et Samedi 10 Avril 1847,

Chaque jour à une heure très précise,

Rue St.-Jean-de-Beauvais, 10,

DANS LES MAGASINS DE Mᵐᵉ VEUVE JEAN,

Par le ministère de Mᵉ MERLIN, Commissaire-Priseur,
rue du Battoir, 10,

Assisté de M. J. VALLÉE, Expert, rue de Chartres-St-Honoré, 3,

CHEZ LESQUELS SE DISTRIBUE LE CATALOGUE.

Exposition publique le Lundi 5 Avril 1847, de midi à 5 heures.

PARIS.

IMPRIMERIE ET LITHOGRAPHIE DE MAULDE ET RENOU,
Rue Bailleul, 9 et 11, près du Louvre.

1847.

ORDRE DES VACATIONS.

1re VACATION.

Mardi 6 Avril 1847, à 1 heure précise.

N° 939 à 944. — 968 à 971. — 903 à 912. — 814 à 817. — 783 à 793. — 831 à 840. — 891 à 894. — 1013 à 1014 — (6 lots.) — 998 à 1005.

2e VACATION.

Mercredi 7 Avril, à 1 heure précise.

N° 945 à 950. — 972 à 979. — 913 à 922. — 818 à 822. — 794 à 798. — 841 à 855. — 895 à 898. — 1015 à 1022. — 1006 à 1012.

3 Vacation.

Jeudi 8 Avril, à 1 heure précise.

N° 951 à 958. — 923 à 928. — 980 à 983. — 822 à 826. — 899 à 902. — 799 à 805. — 856 à 875. — 984 (12 lots). — 985 à 987.

4e Vacation.

Vendredi 9 Avril, à 1 heure précise.

N° 959 à 967. — 929 à 938. — 827 à 830. — 806 à 813. — 876 à 890. — 988 à 993. — 994 (3 lots). — 995 (3 lots). — 996 et 997.

5e Vacation.

Samedi 10 Avril, à 1 heure précise.

1° Les lots d'*Estampes*, de planches détruites ou étrangères au fond; — 2° les *Dessins*; 3° les modèles manuscrits d'*Ecritures*; 4° la *Presse à Rogner* etc. etc. — Le tout compris sous les n° 1024 à 1029 du Catalogue.

AVERTISSEMENT.

Cette quatrième et dernière partie des fonds de Mme veuve Auguste JÉAN, renferme encore quantité de bonnes planches qui méritent de fixer l'attention de MM. les éditeurs ; telles que : sous le n. 783 un recueil de six paysages par *J. J. de Boissieu*, planches de la jeunesse de ce célèbre maître. — Plusieurs bonnes planches et suites, par et d'après J. *Callot*; notamment la *Sainte Famille*, n. 784 Et l'*Ecce homo* n. 785. Ces deux planches originales du maître. — Plusieurs paysages 'capitaux par et d'après *Rembrandt*, n. 796.—Une planche de Pierre *Subleyras, Jésus chez Simon le Pharisien*, n. 797. La plus capitale de son œuvre. — La planche du sujet dit les *Violonneurs*, par Corneille *Visscher*, d'après Adrien Van Ostade, n. 798. — Seize planches, par et d'après *Weiroller*, n. 799, etc., etc.

D'après le classement que nous avions adopté, toutes les planches ci-dessus auraient dû être comprises dans la troisième partie de ce catalogue ; mais comme il n'en existait point d'épreuves, elles avaient été confondues, sans doute par erreur, avec des planches très insignifiantes considérées comme de nulle valeur.

La partie la plus importante de cette dernière partie, sous le rapport *Commercial*, c'est sans contredit un grand nombre de bonnes planches et d'un joli format, de sujets *religieux* et de *dévotion*, d'après les plus célèbres maîtres des écoles d'*Italie*, d'*Allemagne*, des *Pays-Bas* et de *France*, par des graveurs de tous les pays, et en plus grand nombre par nos habiles graveurs français, parmi lesquelles on retrouve les noms de : Jean et Benoit *Audran*, G. *Edelinck*, P. *Drevet*, F. de *Poilly*, etc., etc. Nous en avons formé plusieurs suites ou collections, en raison des sujets et des formats que nous avons réunis ensemble. Ce classement nous a paru préférable, autant pour MM. les éditeurs que pour les intérêts qui nous ont été confiés, qu'à un classement, par écoles et par maîtres, ainsi que nous en avions eu l'intention.

On trouvera aussi quantité de planches *d'imagerie sacrée* et autres ; planches qui ont fait partie de très anciens fonds d'éditeurs en réputation, et dont on peut encore tirer un grand parti. — Un grand nombre de *modèles d'écritures*, par les plus habiles professeurs de calligraphie, et nombre d'autres articles dont la nomenclature serait beaucoup trop longue dans cette préface. Nous renvoyons donc MM. les éditeurs à l'examen attentif du présent catalogue, afin qu'ils puissent se pénétrer de son importance, et se diriger dans les acquisitions qu'ils comptent faire à la vente de cette quatrième et dernière partie.

AVIS.

Par suite de la cessation de commerce de Mme Jean, ses magasins ainsi que la totalité de sa maison, situés rue Saint-Jean de Beauvais, nº 10, sont à louer présentement. Cette maison devant être entièrement restaurée, sera disposée au gré des personnes qui traiteraient en totalité ou en partie de la location.

Cette maison connue si avantageusement depuis longtemps de tous les marchands d'Estampes tant de la France que des pays étrangers, doit présenter quelques chances de succès à l'éditeur ou au commerçant d'estampes commissionnaire qui voudrait s'y établir.

741. Cartes particulières de la France, savoir : de la Somme divisé en ses cinq districts, etc. ; — des départements de la Sarthe, de la Mayenne et autres limitrophes ; — du Loiret, du Loir et Cher et autres limitrophes ; — de la Manche et de l'évêché de Constance divisé en ses archidiaconés et doyennés ruraux, dressée par Laurent, géographe ; — de la Gironde divisé en six arrondissements et en quarante-huit cantons.

Plus, carte du Haut et Bas Poitou, contenant les départements de la Vendée, des Deux-Sèvres et de la Vienne avec partie des autres limitrophes ; — et carte d'Anjou et Touraine, où se trouvent les départements de Maine-et-Loire, de l'Indre, de la Loire, etc., et autres limitrophes. — Et carte de l'Isle d'Oleron, vue de basse mer.

Ensemble huit cartes en 8 cuivres (1 seul lot).

742. Carte du Canal ou de la Manche, depuis son entrée dans l'Océan atlantique, aux îles d'Ouessant et de Scilly, jusqu'à la mer d'Allemagne, au détroit de Douvres ou Pas de Calais, d'après les cartes que le ministère anglais a fait dresser pour le service de sa marine, avec partie de l'Océan atlantique et de la mer d'Allemagne. Grande carte en deux morceaux qui s'assemblent côté à côté.

Dimensions de la carte assemblée : larg. 1 m. 6 cent. sur 76 cent. 2 cuivres.

743 1o Carte de la Manche avec tous les bancs de sable, les courants, les profondeurs d'eau et l'heure de la marée, d'après celle construite par ordre de Sa Maj. Britannique, Lattré 1779. Larg. 68 cent. sur 51.

2o Carte du Golfe de Gascogne, d'après la carte de l'Océan atlantique en quatre feuilles traduite de l'anglais, par *Lerouge*, ing. géographe. Larg. 71 cent. sur 48.

744. Carte routière des départements de la Manche, du Calvados, de la Seine-Inférieure, de l'Eure et de l'Orne, par Clermont, revue et corrigée par *Hérisson*, géogra-

phe. Carte en deux morceaux qui s'assemblent côte à côte. Dimensions : Larg. 1 m. 6 cent. sur 77.

2 Cuivres.

745. Environs de Paris et du département de la Seine, divisé en trois arrondissements communaux et vingt justices de paix. Carte revue et augmentée par Hérisson, géographe, 1830.

1 cuivre. Larg. 49 cent. sur 43.

746. Plan de la ville de Paris et de ses Environs, divisé en douze mairies et quarante-huit quartiers où se trouvent indiqués tous les changements opérés, etc., 1836. Très grande planche murale, en quatre morceaux qui s'assemblent côte à côte et par superposition, et illustrée, dans les marges, des principaux Monuments.

Dimensions de la Carte assemblée. Larg. 1 m. 40 c. sur 1 mètre. 4 cuivres.

747. Plan routier de la ville de Paris, divisé en douze arrondissements et quarante-huit quartiers, dressé par Hérisson, géographe, 1838 ; illustré, dans les marges, des principaux Monuments.

1 cuivre. Larg. 78 cent. sur 60.

748. Plan de la ville et faubourgs de Paris, avec ses Monuments, dressé par quartiers et arrondissements, revue et augmenté par Hérisson, géographe, 1828 ; grande planche murale en quatre morceaux.

Dimensions de la Carte assemblée : Larg. 1 m. 22 c. sur 95 cent. 2 cuivres.

749. 1º Plan des ville et citadelle de Bayonne. Paris, chez Longchamps, géographe ;

2º Plan de Rochefort, etc. Paris. chez Mondhare ;

3º Plan de Bagnères en Bigorre ;

4º Plan historique de la ville d'Orléans, etc., par Moithey ;

5º Plan historique de la ville d'Angers, etc., revue et corrigé par Rudemare.

Cinq cuivres. 1 lot.

750. Plan de la ville de Bordeaux, 1836. Dans la marge, se

trouve le Profil du Pont, planche gravée par *J. B. Tardieu*, et les écritures par *Pelicier*.

1 cuivre. Larg. 98 cent. sur 61.

751. Plan de la ville de Bordeaux et de ses Faubourgs, etc. grande carte en deux morceaux, avec la dénomination des rues, places et monuments du temps de la République ;

2° Autre Plan de la ville et Faubourgs de Bordeaux, par Lattré ;

3° Une Perspective de la place projetée sur l'emplacement du château Trompette, à Bordeaux, etc., par *M. Louis*, architecte. Planche gravée par *Varin frères*,

4 cuivres. 3 planches.

752. Nouveau Plan de la ville et des environs de Dijon, etc., avec tous les changements faits jusqu'à présent. Et celui de Besançon, 2 cuivres. Un seul lot.

753. 1° Plan de Metz et de ses Environs, orné de ses nouveaux Bâtiments ;

2° Autre Plan de Metz, avec tous les changements faits jusqu'à présent, par M. de Rotzamar, ingénieur ;

3° Plan de Nancy, avec les changements que le roi de Pologne, duc de Lorraine, y a faits.

Trois cuivres. Un seul lot.

754. Plan de la ville et des faubourgs de Rouen, levé par les ingénieurs des ponts-et-chaussées, en 1809. Grande Carte en deux morceaux.

2 cuivres.

755. Plan de la ville et des faubourgs de Toulouse. — Et celui de la ville et citadelle de Montpellier, avec ses Environs, gravés par Nicolas Chalmandrier.

2 cuivres. Larg. 40 cent. sur 34.

756. 1° Plan de la ville du Hâvre, d'après les changements les plus récents, dessiné et gravé par G. Lemaître ;

2° Plan de la rade de Cherbourg ;

3° Plan de la ville de Brest, par L. Bermont, ingénieur. 1827 ;

4° Plan de la ville de Dunkerque. 1826.

Quatre cuivres. Un seul lot.

757. Les Plans de Paris. — Vienne. — Varsovie. — De la
ville de Lisbonne — et de Constantinople. Ces deux
derniers Plans, par E. Mentelle, ing.-géog. 1828.

5 cuivres. Larg. 47 cent sur 36. Un seul lot.

758. 1° Plan général des château, parc et jardins de Saint-
Cloud ;

2° Parc, jardins, château et bourg de Meudon, par
De Fer ;

3° Plan du jardin de Monceau, appartenant à M. le
duc de Chartres ;

4° Plan général de Trianon ;

5° Plan de la forêt de Laye et de la garenne du Ve-
zinet, du bourg de Saint-Germain, de la ville de Poissy,
etc., par De Fer.

5 cuivres. Larg. de 52 à 54 c. sur 36 à 44. Un seul lot.

759. Carte des Postes d'Allemagne, avec les États de la
Confédération du Rhin et des États voisins où l'on a
distingué les places et les ports, par le sieur *Brion*, ingénieur-géographe, revue et corrigée par *Poirson*;
Carte en deux morceaux qui s'assemblent côte à côte.
Dimensions de la Carte assemblée : Larg. 1 m. 6 cent.
sur 75 cent.

2 cuivres.

760. Cartes des Postes et autres Routes d'Allemagne, con-
tinuées jusques dans les Pays-Bas, en Suisse, en Italie,
en Hongrie, en Pologne, en Prusse, en Danemarck, etc.
Carte en six feuilles.

6 cuivres. Larg. 44 cent. sur 27.

761. Carte itinéraire des royaumes d'Italie et de Naples,
donnant aussi les provinces Illyriennes, le gouverne-
ment de Toscane et du Piémont, par *Brion de la Tour*,
revue et corrigée par *J. B. Poirson*. Grande Carte en
deux morceaux qni s'assemblent côte à côte.

Dimensions de la Carte assemblée : Larg. 1 m. 5 c.
sur 75 cent. 2 cuivres.

762. Carte d'Italie assujettie aux observations astrono-
miques et aux Itinéraires, comprenant toutes les gran-

des Routes et avec les distances par Postes, par *Brion*, ingénieur-géographe. Carte en six feuilles.

6 cuivres. Larg. 45 cent. sur 27.

763. 1º Carte d'Italie avec les routes.

2º Le royaume de Sardaigne, dressé sur les cartes numérotées levées dans le pays par les ingénieurs piémontais.

2 cuivres.

764. Carte d'Espagne et de Portugal, comprenant les routes des postes et autres de ces deux royaumes, par *Longchamps*, géographe, dressé d'après les originaux de Lopez. Grande planche en deux morceaux qui s'assemblent côte à côte.

Dimensions de la carte assemblée : larg. 1 m. 04 cent. sur 75 cent. 2 cuivres.

765. Carte des royaumes d'Espagne et de Portugal, avec les plans de Madrid, Lisbonne et Cadix. Grande planche gravée par *J. B. Tardieu*, revue et augmentée par *Hérisson*.

1 cuivre. Larg. 95 cent. sur 73.

766. 1º Carte d'Espagne et de Portugal, divisée en tous ses royaumes, avec les routes de ces deux États, par *Samson*.

2º Carte du royaume de Portugal, divisé en ses six provinces, avec les routes.

3º Planta do porto de Lisboa e das costas Visinhas las mas observaciones, por *J. B. Poirson*. 1807.

4º Plan de Saint-Jean de Luz, avec les projets d'agrandissement du port.

Quatre cuivres. — 1 lot.

767. Carte de l'empire de Russie, dressée par *J. B. Poirson*, géographe, et gravée par *L. G. Lemaitre*.

1 cuivre. Haut. 80 cent. sur 54.

768. 1º Nouveau plan de Saint-Pétersbourg, dressé par A. *R. Fremin*. 1814.

2º Plan de la ville, faubourg et environs de Saint-Pétersbourg, etc., avec carte particulière du cours de la Néva, par *Beaurain*.

3º Plan géométral de la ville de Moscow, ancienne capitale de l'empire de Russie, etc. 1801.

Trois cuivres. Larg.   cent. sur   . 1 seul lot.

769. 1º Carte générale des côtes d'Espagne, où se trouvent tous les ports maritimes de cette partie du monde, etc., etc., par M. le chevalier de M. R. 1803. Larg. 71 cent. sur 48.

2º Carte des côtes d'Espagne et de Portugal, par *Le Rouge*, ingénieur géographe, d'après la carte du même auteur de l'Océan Atlantique, en quatre feuilles, traduite de l'anglais. Haut. 71 cent. sur 58.

Deux cuivres. 1 seul lot.

770. 1º Presqu'isle des Indes Orientales en deça du Gange, comprenant l'Indostan ou Empire du Mogol, différents Royaumes ou États; les vastes Possessions des Anglais (d'après leurs propres cartes), et les autres Établissemens européens, avec les grandes routes; par *Brion de La Tour*, ingénieur géographe.

2º Archipélague du Mexique, où sont les isles de Cuba, Espagnole Jamaïque, etc., avec les isles Lucayes et les Caraïbes, connues sous le nom d'Antilles, par le *P. Coranelli*, corrigée et augmentée par *Tillemon*.

Deux cuivres. 1 seul lot.

771. Cours du Rhin, comprenant une partie de la Confédération du Rhin, la Suisse et une partie de la France, divisée en départements, par *J. B. Poirson*. Grande carte en hauteur et en deux morceaux qui s'assemblent par superposition. Dimensions de la carte assemblée : haut. 1 m. 04 cent. sur 72 cent.

2 cuivres.

772. Nouveau plan de Genève, avec ses nouvelles rues et augmentations, etc., par *Nicolas Chalmandrier*.

1 cuivre. Larg. 68 cent. sur 52.

773. Plan d'Athènes, levé en 1826 par ordre du général Gourrhas; donnant l'emplacement précis des ruines antiques existantes à cette époque, et les constructions

nouvelles qui ont été faites pour sa défense. Publié en 1829.

1 cuivre. Larg. 59 cent. sur 45.

774. 1° Plan de la ville de Maestricht, avec ses attaques commandées par le maréchal de Saxe, etc., etc., levé par *M. de Marne*, ing. géographe.

2° Plan de Mayence, de ses nouvelles fortifications et de ses environs, etc., par *Bernard Jaillot*, géographe.

3° Plan de la ville et château de Namur.

4° Plan de Luxembourg, par le sieur *Jaillot*.
Quatre cuivres. 1 seul lot.

775. 1° Plan de la ville de Furnes, par *Beaurin*.

2° Plan des attaques de Mons, en 1691.

3° Plan de la ville et citadelle de Mayence, etc.

4° Plan de la ville de Mantoue par *Beaurin*.

5 Nouveau plan de Messine, avec ses châteaux, par le même.

6° Plan de Cadix, etc., comprenant l'Isle de Léon, etc., par *Hérisson*. 1823.

7° Siége de Grave, en juillet 1674.

8° Plan de la ville et citadelle de Perpignan.

9° Les royaumes de Valence et Murcie, etc., par *J. B. Nolin*.

Neuf cuivres. Larg .de 40 à 50 cent. sur 40 environ. (1 seul lot.

776 1° Nouveau plan de la ville de Gibraltar, située au détroit de ce nom, etc., avec annexe du plan de la ville de Ceuta.

2° Plan de la baie et ville de Cadix, de la rivière de Lucas de Barameda et de ses environs.

3° Plan de la ville de Cadix, par de *Beaurain*, géographe.
Trois cuivres. 1 seul lot.

777. 1° Carte topographique des forts, ville, citadelle d'Anvers et de ses environs, par *Jaillot*, géographe, corrigée en 1832, d'après le plan de *Muller*.

2° Plan des ville et citadelle de Liége, avec ses retranchements.

3º Plan de Luxembourg et de ses environs, etc., par le même.

Trois cuivres. 1 seul lot.

778. 1º Plan du port de la ville de Mahon, avec ses forts dans l'état où ils étaient le 28 juin 1756, lorsque le maréchal duc de Richelieu s'en empara.

2º Autre plan de la ville et du port Mahon, et du fort Saint-Philippe, tel qu'il était fortifié en 1706 par les Espagnols.

3º Carte particulière des isles de Malte, du Goze et du Cuming, par B. *Antoine Jaillot.*

Trois cuivres. 1 seul lot.

779. Description géographique et historique de la Terre-Sainte, autrefois Terre de Chanaan et de Promission, divisée selon ses douze tribus, dressée sur l'Ancien et le Nouveau Testament, sur l'histoire de *Flave Josephe*, etc., etc. Carte en 4 planches.

4 cuivres.

780. Recueil de 92 planches représentant 132 fortifications, forts et ports de mer de France, avec une table explicative; dressés sur les lieux par *Le Rouge*, ingénieur géographe du roi.

83 cuivres, y compris celui du titre.

781. 1º Boussole itinéraire, indiquant la distance de Paris aux villes capitales et principales des différents États de l'Europe, etc.; par P. A. Boyard.

2º Tableau des distances des principales villes de commerce de France et d'Europe.

Deux cuivres.

782. Sous ce numéro de division, plusieurs lots de planches gravées, omis au présent catalogue.

Imp. Maulde et Renou, r. Bailleul, 6-11.   1207

CATALOGUE

DES

PLANCHES GRAVÉES

PAR LES PLUS CÉLÈBRES GRAVEURS

du XVe au XIXe siècle,

Composant le Fonds de Mme veuve Auguste JEAN.

QUATRIÈME PARTIE. [6 - 10 avril 184

ŒUVRES

SUITES, RECUEILS ET COLLECTIONS

PAR DIFFÉRENTS GRAVEURS

des Écoles des Pays-Bas, d'Allemagne, d'Italie et de France.

BOISSIEU (Jean-Jacques de), *peintre dessinateur et graveur à l'eau forte, né à Lyon en 1736, et mort dans la même ville en 1810.*

783. *Paysages dessinés et gravés par J. J. D. B. 1759.* Recueil de six planches. Dans le ciel à droite à deux morceaux : *De Boissieu, f.* à deux autres seulement les initiales D. B. entrelacées, suivies de la lettres *f.*, la dernière planche qui représente un aqueduc en ruine, avec un conduit d'eau, ne porte aucune signature, ni monogramme.

6 cuivres. Larg. 15 cent. sur 11 cent. 50 mill.

CALLOT (Jacques). *Suite des pièces de l'œuvre de ce maître décrites dans la troisième partie de ce catalogue.* (Voir les pag. 6 et 7).

784. La sainte Famille, sainte Elisabeth et saint Jean. Planche gravée au burin par *Jacques Callot*, d'apres *André del Sarte.* Composition de forme ronde ; les angles du rond sont teintés et forment un carré ; à l'angle du bas, du côté gauche, le nom du peintre ; à celui de droite, on lit : P. Mariette Excud. J. Callot *f.* Au bas de l'estampe, six lignes, séparées par des armoiries : *Visceribvs Clavmsum. ergo dicat.* M. D. C. XIII. (Cat. Silvestre, n° 742, page 185.)

 1 cuivre. Haut. 28 cent. 50 mill. sur 23.

785. Le Christ au Roseau ; ou *Ecce Homo.* Planche gravée au burin, en 1613, par *J. Callot*, d'après *Stradan.* Pour titre, dans la marge, quatre vers latins sur deux colonnes séparées par un écusson armorié : *Quid furis... Lanare potest.* Et au-dessous, une dédicace en une seule ligne : *Humanissimo Viro... imaginem.* Tout au bas de la marge, à gauche. *Ia Callot F. P. Mariette Ex.* (Cat. Silvestre, n, 742, pag. 188).

 1 cuivre. Haut. 31 cent. sur 25.

786. La Passion de Notre Seigneur, d'après *J. Callot.* Suite de douze sujets en hauteur, non chiffrés, dite la *Petite Passion.* Les titres sont tous en latin ; celui de la Cène est : *Cœnantibus eis... Benedixit.*

 12 cuivres. Haut. 13 cent. sur 10.

787. Autre copie des douze sujets de la *Petite Passion,* de mêmes dimensions que les précédents. Gravés en contre-partie sur trois cuivres à quatre sujets par planches. Mêmes titres qu'à la suite précédente. Sur chaque sujet on lit à droite : *Chez Pasquier.*

 3 cuivres. Haut. 26 cent. sur 20.

788. Autre copie des douze sujets de la suite de la *Petite Passion,* de 9 cent. 50 mill. de haut. sur 6 cent. 50 mill. de larg. Les douze sujets gravés sur une seule planche. A Paris, chez J. J. Pasquier.

 1 cuivre. Haut. 29 cent. sur 27.

789. Les quatre dernières planches de la suite de la *Grande Passion*, par J. Callot. Elles sont numérotées à droite : 3, 4, 6 et 7, au lieu des numéros 5, 6, 7 et 8. Les titres sont en français. On lit à gauche, près du trait carré : *Gravé par J. Callot*; et à droite : *A Paris, chés Daumont*.

4 cuivres. Larg. 21 cent. sur 10.

790. La *Vie errante des Bohémiens*, suite de quatre sujets composés par *Callot*. Au haut, à gauche, aux quatre morceaux, deux vers français. Et à droite, les numéros de la suite ; on lit à gauche au dessus du trait carré : *Callot in*.

4 cuivres. Larg. 23 cent. 50 mill. sur 12 cent.

791. *La Tentation de saint Antoine, abbé*, Copie d'après Jacques *Callot*. A gauche du titre ci-dessus, on lit en deux lignes : *Si consistans adversum... cor meum*. Et à droite, aussi en deux lignes : *Quand même je verrais... craindrais point*.

1 cuivre. Larg. 69 cent. 50 mill. sur 51 cent.

792. *La Tentation de saint Antoine*. Autre copie avec dédicace à Messire Gilbert de Montmorin, etc. Titre et dédicace séparés par les armoiries de ce personnage.

1 cuivre. Larg. 59 cent. sur 36.

793. *La Tentation de saint Antoine*, autre copie gravée par *Pacot*. Pour titre : Dédicace à M. l'abbé Bignon. Séparée par ses armoiries.

1 cuivre. Larg. 46 cent. 50 mill. sur 36 cent.

PERELLE ou **PERRELLE** (Gabriel). *Suite des pièces de l'œuvre de ce maitre décrites dans la troisième partie de ce catalogue*. (Voir les pag. 12 à 14.)

794. Suite des Douze Paysages, Vues et Marines, par *Perelle*, d'après ses compositions ; tous ornés de figures. A la plupart, on lit dans la marge, à droite ou à gauche : *faict* ou *fait* par *Perelle*; ou *Inventé et gravé par Per-*

relle. Et encore : A Paris, chez J. Mariette, rue Saint-Jacques, à l'Espérance et aussi aux Colonnes d'Hercule. 12 cuivres. Larg. 23 cent. 50 mill. sur 16 cent.

795. Autre suite ou collection de vingt et un Paysages et Vues de monuments composés et gravés par *Perelle*. 21 cuivres. Larg. 24 cent. sur 12 cent. environ.

REMBRANDT dit **VAN RHYN** (Paul). *Suite des pièces de l'œuvre de ce maître, décrites dans la troisième partie de ce catalogue.* (Voir les pag. 15 à 18.)

796. Neuf planches de son œuvre :

Le Paysage au Carrosse. (207. Cat. Gersaint.) Deux planches, l'une, gravée en contrepartie de l'original.

Un grand Paysage. Dans le fond, au milieu, une ville et une église ; à droite, on lit : *Watelet, 1758.*

Trois autres Paysages. Copies. (N. 83, 84 et 88 du supl. du cat.)

Un autre Paysage. Dans la marge, au milieu, on lit : *Dans aucun catalogue ;* et à droite : *OEuvre de M. Mariette.*

Trois autres Paysages, dont le grenier à foin, sans aucune date ni signature.
9 cuivres.

SUBLEYRAS (Pierre). *Peintre et graveur à l'eau forte, élève d'Antoine Rivalz, né à Uzès, en 1699, et mort à Rome, en 1749.*

797. La Madeleine aux pieds de Jésus au repas donné par Simon le Pharisien. C'est le n° 3 des quatre pièces gravées par ce maître, d'après ses compositions et décrites par M. Robert Dumesnil. (Voyez P. G. F. 2° vol. pag. 258.) On lit à gauche, en deux lignes : *Observer* que Subleyras n'a fait tirer à Rome que quelques épreuves de cette planche qui furent mal imprimées. En 1787, on en fit tirer seulement cent épreuves pour multiplier l'admirable composition du sublime tableau de même grandeur qui appartient actuellement au roi.

M. Robert Dumesnil n'a pas fait mention des différents états de cette planche. Dans la description qu'il en fait, il termine par ces mots : *Belle pièce et sans nul doute, le chef-d'œuvre du maître.*

1 cuivre. Larg. 62 cent. sur 25.

VISSCHER ou de **VISSCHER** (Corneille). *Suite des pièces de l'œuvre de ce maître, décrites dans la troisième partie du présent catalogue.* (Voir les pages 23 à 27.)

798. Le Joueur de Vielle accompagné de cinq enfants, dont un joue du violon ; sujet de demi-figures. On lit dans la marge du bas, à droite : *A. V. Ostade pinxit*, et au-dessous : *C. Visscher fecit aquaforti.* Ce morceau, l'un des meilleurs de Visscher, est connu sous le titre des *Violonneurs.* (N° 15 de l'œuvre de ce maître, décrit par Adam Bartsch).

1 cuivre. Haut. 38 cent. sur 32.

WEIROTTER (François - Edouard). *Suite des pièces de l'œuvre de ce maître, décrites dans la troisième partie de ce catalogue.* (Voir les pages 27 à 29).

799. Seize Paysages gravés à l'eau forte, par et d'après *J. Weirotter*, savoir :

1° Suite de Paysages dessinés et gravés par *Weirotter*; suite numérotée 1 à 4, savoir : 1° Une vue de Saint-Ouen, du côté de Bourgueil. Et autres.

2° Première et deuxième Vue des environs de Harlem; *Weiroter. inv. et Del.*

3° Autres Vues de la Hollande : petit port pris de Rotterdam ; — Bourg du Brabant, du côté d'Anvers ; — Village des environs de Lillo ; — Vue de Middelbourg, en Zélande ; — Petit village sur le lac de Harlem ; — La première planche gravée par *Weisbrodt* et les autres par *Le Veau.*

4° Village et hameau de Picardie. Deux planches gravées par *Weisbrodt* et *H. Guttenberg.*

5° Vue de la Seine, proche Meulan ; — Château ruiné

sur les bords de la Loire. Ces deux planches par *Le Veau* ; — Et l'heure du repas à cette dernière. *Basan excud.*

16 cuivres de dimensions diverses. Un seul lot.

799 bis. Suite de six Paysages avec figures et animaux, gravés à l'eau forte, savoir : *La fraiche matinée*; — *L'Orphée rustique*. On lit dans les marges de ces deux planches qui sont en largeur : *Luterbourg fecit.* Les quatre autres planches qui sont en hauteur ne portent aucuns titres, ni noms de maîtres. Dimensions des deux larg. 22 cent. sur 17 cent. 50 mill. et des quatre dernières, haut. 18 cent. sur 16.

Autre suite de six sujets de figures et d'animaux, sans aucuns titres, ni noms de maîtres, également gravés à l'eau forte, par *Loutherbourg*, à l'imitation de Paul Potter. Larg. 30 à 32 cent. sur 24 à 28 cent.

12 cuivres. Un seul lot.

800. Suite de six petits sujets d'animaux. Planches gravées à l'eau forte dans la manière de *Berghem.*

6 cuivres. Larg. 10 cent. sur 9 cent.

801. Suite de six petits sujets, gravés à l'eau forte, savoir : N° 1. *La vertu triomphe de tous ses ennemis*; — n° 2. *La Vertu a partout sa récompense*; — n° 3. *La Nature commence ce que la nourriture achève;* — n° 4. *Fuir la vie, c'est suivre la vertu;* — *La Vertu fuit les excès*; — *La Vertu nous rend immortels*. Dans la planche n° 1, à droite, on lit : *Dorigni.*

Nota. Ces six morceaux ne sont pas compris dans l'œuvre de Michel Dorigny décrite dans le *Peintre graveur francais.*

6 cuivres. Larg. 9 cent. 25 mill. sur 8 cent.

802. *Les Sept Œuvres de Miséricorde.* Suite de sept planches, les titres en latin, avec la traduction en français à droite, savoir : *Esvrivi enim et dedistis mihi mandvcare;* — *Sitivi et dedistis mihi bibere ;* etc., etc. Sur ces deux

premières planches, on lit à gauche, dans le travail :
M. de Vos Inventor.

7 cuivres. Larg. 24 cent. sur 20 cent 1/2.

803. La Passion de N. S. Jésus-Christ, en quatorze sujets. composés et gravés, savoir : Les huit premières planches, par *Léonard Gaultier*, et les six dernières par *Jacques de Weert.* Suite non chiffrée, de grandeur de vignettes, pouvant orner un livre d'heures.

14 cuivres. Haut. 10 cent. 75 mill. sur 6 cent. 50 mill.

804. Suite des douze Apôtres de Jésus-Christ ; et Jésus couronné d'épines. (Ecce homo). Ensemble treize planches. On lit sur les deux premières, à gauche, *Segers* pin. ou pinx. Et à droite, *S. C. Le Clerc*, sculp. ; sur la dernière, à droite : Derbois, Ex.

13 cuivres. Haut. 13 cent. 50 mill. sur 10 cent.

805. *La Naissance, la Chute, la Réparation et le Salut de l'homme.* Recueil de douze sujets avec riches encadrements et vignettes de forme ovale.

12 cuivres. Haut. 16 cent. 25 mill. sur 11 cent. 50 mill.

806. Le *Miroir des âmes*, ou Exposition effective des différents états de nos âmes par rapport à Dieu, à l'usage de ceux qui désirent sincèrement leur salut. Recueil de quatorze sujets gravés sur sept planches.

8 cuivres, y compris celui du titre. Larg. 25 cent. sur 19.

807. *La Solitude*, ou *les Vies des femmes anachorètes.* Suite de vingt-cinq sujets de formes ovales numérotés de 1 à 25, y compris le frontispice.

25 cuivres. Larg. 10 cent. 75 mill. sur 8 cent. 90 mill.

808. Costumes de matelots de différents pays ; savoir : Matelot hollandais (20) ; — Matelot provençal, avec son grand caban (21(; — Autre Matelot, sans titre (22) ; — Matelot provençal, avec son petit caban (23) ; — Matelot italien, avec sa veste de travail. Six planches gravées par *J. F. Foulquier*, d'après *P. J. Loutherbourg.*

6 cuivres. Haut. 20 cent. sur 13 cent. 50 mill.

809. Trois cahiers de six sujets de marines chacun, composés et gravés par *J. Rigaud,* savoir :

1º Le premier cahier a pour titre dans la marge du haut de la planche nº 1 : *Construction des Galères* ; et on lit dans la marge du bas : *Marines où sont representez divers sujets des galères.* Ces planches sont numérotées de 1 à 6 dans le bas à droite.

2º Le deuxième cahier a pour titre, dans la marge du haut de la planche nº 1 : *Chantier de construction de vaisseaux* ; et dans la marge du bas : *Marines et svite des Galères où sont representez semblables svjets de vaisseaux.* Ces planches sont numérotées comme les précédentes de 1 à 6.

3º Les planches du troisième cahier sont numérotées de 7 à 12, et paraissent faire suite au recueil précédent ; on lit pour titre dans la marge du bas de la planche nº 7, qui est la première de ce cahier : *Attaquez et pris par des corsaires turcs.*

18 cuivres. Un seul lot.

810. Receuil de quinze planches d'oiseaux de différents pays, gravées par Juillet. Ces planches numérotées de 1 à 15.

15 cuivres.

811. Suite de six planches contenant chacune trois petits sujets dans des médaillons de 4 cent. 20 mill. de diamètre.

6 cuivres. Larg. 16 cent. sur cent. 30 mill.

812. Divers sujets militaires inventés et gravés par D. L. R. Suite de vingt-trois planches. Dans ce nombre se trouvent deux marines.

23 cuivres de diverses dimensions et formats.

813. *L'Age d'or ; — l'Age d'argent ; — l'Age d'airain : —* et *l'Age de fer.* Suite de quatre sujets gravés par *J. Haussard,* d'après *F. Verdier,*

La Terre ; — l'Air ; — l'Eau ; — et le Feu. Autre suite de quatre sujets, gravés par et d'après les mêmes.

8 cuivres. Larg. 31 cent. sur 22.

SUJETS

par et d'après d'anciens Maîtres

de différentes écoles.

814. La mort du Pauvre et la mort du Riche, deux sujets allégoriques ; planches gravées ; la première par *Jean Sadeler*, et la seconde par *Raphaël Sadeler*, d'après des compositions de *Jean Stradan*. On lit pour titre de la première planche ; dans la marge du haut : *O mors, Bonvm.... defecto œtate ;* et dans la marge du bas, en deux lignes : *Pauperibus mors.... Risus habet.* Pour titre de la marge du haut de la seconde planche : *O mors quam...... substantiis svis.* Eccl. Cap. XLI. Et dans la marge du bas : *Divitibus mors.... Luctus habet.*

2 cuivres. Larg. 28 cent. sur 21 cent. 50 mill.

815. Quatre sujets de chasses, d'après P. P. *Rubens* ; savoir : *Chasse au lion ; — autre chasse au lion*, avec différences dans la composition ; — *chasse au lion et au tigre ; — chasse à l'hippopotame.* Planches gravées par Le Tellier, Le Bas, Malberte et Martini.

4 cuivres. Larg. 26 cent. sur 21.

816. Deux sujets, d'après Pierre-Paul Rubens, savoir : La tête de saint Jean-Baptiste présentée à Hériodade. On lit pour titre, au milieu de la marge : « *Satiate sanguine quem semper sitisti ;* et au-dessous, douze vers en trois colonnes : *illustre conquérant.... ton chef ambitieux.* — Et le jugement de Salomon ; pour titre : *Fortitudine et sapientiâ novit decipientem et eam quœ decipitur ; —* et au-dessous, en trois lignes : *alors la femme.... qui est la mère.* A droite, *P. Viel, sculp.*

2 cuivres. Larg. 48 cent. sur 36.

817. Judith tenant de la main droite la tête d'Holopherne. (*Aspice qvid potvit....*) *Petr. Paul Rubbens pinxit ; —* Saul. (*Savlvs Rex*)

2 cuivres haut. 31 cent. sur 23.

818. La charité Romaine. Pour titre : une dédicace en deux lignes *(Per illustriæ Reuerendissimo....)* Et au-dessous. *(Discete quid si amor lactat....)* Planche gravée d'après *P. P. Rubens.* Gaspar de Hollander excudit. Autuerpiæ.

    1 cuivre. Larg. 42 cent. 50 mill. sur 35 cent.

819. Le vieux Silène soutenu par un homme et une femme ; derrière eux un vieillard et un nègre. *(Genua labant nutatq....)* Planche gravée au burin par *S. A. Bolswert,* d'après *Antoine Van Dyck.*

    1 cuivre. Haut. 44 cent. sur 31.

820. *Récréation de la Table.* Planche dédiée à Jeaurat, peintre du roi, etc. F. A. *Moitte filius, sculp.* J. *Jordans pinx.*

    1 cuivre. Larg. 48 cent. sur 38.

821. Une planche gravée au burin par *Lireux,* d'après *Th. de Wicht,* ayant pour titre : *le Philosophe Hollandais.*

    1 cuivre. Haut. 34 cent. 50 mill. sur 27 cent.

822. Une planche gravée au burin par C. *Macret,* d'après *Baader,* ayant pour titre : *Contentement passe richesse.* au-dessous : Dédié à Monsieur Wille, graveur du roi, etc., etc., par son ami et serviteur, J. M. Baader. *(J'eus mon tems comme une autre....)*

    1 cuivre. Haut. 28 cent. sur 21.

823. Le massacre des Innocents. Planche sans aucun titre ; à droite, dans le bas, on lit : *Rafael inv.* Et au-dessous : P. *Lelu, sculp. 1793.* — Un Intérieur, effet de lumière. Planche également sans titre, dans la marge, à gauche : *A. de Coster, pi.* Et à droite : *Vorsterman.*

    2 cuivres. Larg. 41 cent. 50 mill. sur 28 cent. — Et larg. 35 cent. sur 27 cent.

824. *Léda* ; — et *Danaë.* Deux sujets sans titres, gravés par Étienne *Desrochers,* d'après les tableaux du *Corrége.* Planches avec armoiries et dédicaces à S. A. R. monseigneur le duc d'Orléans, etc.

    2 cuivres. Larg. 35 cent. sur 31.

825. *Chasse à l'oiseau ; — l'Escorte d'équipage ; — et ruines d'une ville d'Italie*. Planches gravées par *J. Daullé,, J. Moyreau*, et *Daudet*, d'après *Jean Miel, Casanova*, et *Cornille Poëlemburg*.

3 cuivres. Larg. 49 cent. sur 37.

826. *Actéon métamorphosé en cerf*. Planche gravée au burin par Jac. *Beauvarlet*, d'après *Rottenhamer* et *Breughel de Velours* pour le paysage ; — La *Rencontre des deux Villageoises*, planche gravée par J. *Aliamet*, d'après N. *Berghem*.

2 cuivres. Larg. 31 cent. sur 26 cent. 50 millim. — Et larg. 33 cent. sur 28 cent.

827. La chute des Anges rebelles ; sujet mystique représentant saint Michel foudroyant les démons. Pour titre : *Qvis vt Devs*. On lit à droite : *Corn. Galle excudit Antuerpiæ* Et à gauche : *Cor. de Boudt excu. Ant.*

4 cuivre. Haut. 45 cent. sur 34.

828. Astianax découvert par les Grecs, dans le tombeau d'Hector ; pour titre : « *Après l'embrasement de la ville de Troye.... avec les autres dames troyennes.* » — Et Lucius Albinus faisant monter les Vestales dans le chariot qui contenait sa famille ; pour titre : « *Lorsque les Gaulois.... au salut de sa famille.* » Deux sujets d'après *Sébastien Bourdon*. Le premier gravé par S. *Bernard;* et le second par *J. B. Brebes*.

2 cuivres. Larg. 51 cent. sur 42.

829. Deux sujets d'après *Nicolas Poussin*, savoir : Bacchus nourri du lait de la chèvre Amaltée. Pour titre : *(Oracle vivant des Curcius....)* Planche gravée par *Castellus*. — Un sujet mythologique de Phaëton, fils du Soleil : *(Phaëton pour s'éclaircir du doute....)* Cette seconde planche gravée par *Nicolas Perrelle*. Mariette ex.

2 cuivres. Larg. 39 cent. 50 mill. sur 31 cent. — Et larg. 44 cent. sur 35.

830. Plafond de la chapelle du château de Sceaux, par Ch. Le Brun. Pour titre : *Vous tous... soyez sauvés.* Esayë,

chap. XLV, vers. 22. On lit au-dessous huit lignes en deux colonnes : *Jésus-Christ paraît ici.... alleluia sans fin*. Au bas du trait carré, à gauche : *peint par Charles Le Brun, dans la voûte de la chapelle de Sceaux*. Et à droite : *Gravé sous la conduite de B. Picart, 1724.* 1 cuivre. Haut. 46 cent. sur 44.

* * *

SUJETS DE L'ANCIEN ET DU NOUVEAU TESTAMENT

Saintetés, Dévotions et Morales religieuses,

Par des Maîtres des différentes Écoles.

831. Collection de quinze planches de divers sujets de l'ancien Testament et de l'histoire sacrée, savoir :

Le sacrifice d'Abraham (nunc cognovi quod....) d'après Ant. *Coypel*, par *S. Valée*; — Rebecca à la fontaine (perrexit in Mesopotamiam....) d'après *Carle Marrate*, par *Jacob*; — L'annonciation. (Ecce ancilla Domini....) d'après François le *Moyne*, par François *Lucas*; — La *Circoncision de notre Seigneur*, d'après *Cyrus Ferus*, par M. *Aubert*; — La purification. (Nescis quia templum Dei es?) d'après Ch. *Lebrun*; — Jésus au jardin de oliviers. (La tristesse du Sauveur....) *Poilly Ex*; — *Jésus présenté devant Hérode*; — Même sujet. (L'impiété déguisée sous...); — *La flagellation*. (Les fléaux de la justice....); — Jésus au repas chez Simon le Pharisien. (Amoris prœmium), d'après Ch. *Lebrun* par *Crespy*; — Jésus-Christ portant sa croix. (A Paris chez Poilly...); — Jésus sur la croix. (Est-il une douleur pareille à la mienne), d'après *Van Dyck*; — Descente de croix. (Post majorem alter, et idem), d'après Ch. *Lebrun*, par *Benoît Audran*; — Le corps de Jésus descendu de la croix. (J'ai vécu; j'ai souffert...) d'après Ch. *Lebrun*; — *Apparition de N. S.*

à la Madeleine, d'après *L'Albane* par M^{el} *Dossier.*
Pièces cintrées.

15 cuivres. Haut 36 cent. environ sur 24 cent env.

832. Collection de dix-sept planches de différents sujets de
la sainte Vierge depuis sa naissance jusqu'à son assomption, savoir :

LA NATIVITÉ DE LA SAINTE VIERGE, d'après N. *Vleughels;*
par E. *Jeaurat* 1717 ; — LE MARIAGE LA VIERGE, trois
planches du même sujet. 1º D'après PP. *Rubens.* (Une
vierge fut mariée...); — 2º D'après *Carle Vanloo.* (Que
le Dieu d'Abraham...); — 3º D'après C. *de la Fosse*, par
Vallée. (Datus est....)

L'ANNONCIATION. Six planches du même sujet : 1ᵉ
d'après *N. Poussin*, avec le titre : *Annonciation de la
sainte Vierge;* — 2' d'après *Jeaurat*, par *Duchange*,
avec le titre : *Le mystère de l'incarnation;* —3º d'après
P. d'Vlin par *J. Audran*, sans titre avec dédicace à
Christophe Pajot; — 4º d'après *Lemoine*, par *L. Jacob*
(voici la servante du Seigneur....); — 5º d'après *F. Verdier*, avec le titre : *Annonciation;* — Et 6º sans noms
de peintre ni de graveur : (Recevez ce salut.....)

LA VISITATION. Trois planches du même sujet : 1º
d'après *Pierre Mignard*, par *S. Thomassin* fils *Je n'ai
pas plus tost.*); 2º d'après *F. Verdier*, avec le titre *Visitation;* — 3ª d'après*P.-P. Rubens*, par *E. Jeaurat* 1719,
avec le titre : *La visitation de le sainte Vierge.*

La sainte Vierge recevant l'eucharistie, pour titre :
adoptivus matri proprium restituit, et en français le
fils adoptif rend à la mère son propre fils.

LA MORT DE LA VIERGE, au dessus : (J'accomplis dans
ma chair....)

L'ASSOMPTION. Deux planches du même sujet : 1º d'a-
près *Ch. Lebrun*, par *Duflos;* au dessus du titre : *L'assomption de la sainte Vierge : il a fait en moi de
grandes choses.....;* — 2º D'après N. *De Plate Mon-*

tagne, par *E. Jeaurat*, au dessous du titre ci-dessus : *Vous êtes toute belle.....* Pièces cintrées.

17 cuivres. Haut 36 cent. sur 24.

833. Collection de quatorze planches de différents sujets de la vie de Jésus-Christ depuis la nativité, savoir :

Adoration des bergers, d'après *Le Guide*. (Et verbum caro factum....) ; — *Même sujet*, d'après *P.-P. Rubens*, par *E. Jeaurat 1717*, (Pastores venerunt....) ; — *Même sujet*, d'après *H. Rigaud*, p. Drevet Excu. (Et verbum caro factum....) ; — *Même sujet. L'adoration des mages*, d'après *N. Vleughels*, par *E. Jeaurat 1717* (Intrantes domum....) — *Même sujet*, pour titre : *adoration des rois* ; — *Même sujet*, d'après *Carle Maratte* (Calmarat pinx), par *S. Valé* : (les mages.... trouvèrent l'enfant...); —*La purification de la sainte vierge*, on lit au dessus : *oblatus est quia ipse voluit*, d'après *Ch. Lebrun*, par *Crepy*. Audran Ex.; — *La présentation au temple*, d'après *P. Rubens*, par *Mag. Hortemels* : (Nunc dimittis servnm...);—*La circoncision de notre Seigneur*, d'après *Cyrus-Ferus. Suruguc Ex. 1743* ;—*Même sujet* (*Vocatum est nomen ejus Jesus. Luc. cap. 2*);—Même sujet, d'après *F. Verdier. Tardieu Ex.*, à droite du titre : (Cirica plurima....); — *Jésus enfant*, d'après l'*Albane*, J. Audran Excudit; — *Jésus âgé de douze ans est trouvé dans le temple, etc....*, par *E. Jeaurat 1715*; — *Repas de la sainte famille*, d'après *Ch. Lebrun* : (Panis quem ego....) Pièces cintrees.

14 cuivres. Haut 36 cent. sur 24.

834. Collection de quinze planches de différents sujets de l'histoire sacrée depuis le baptême de Jésus-Christ, savoir :

Jean baptise Jésus-Christ dans le Jourdain, d'après *Miguard*, par *Loisel*; — Jésus bénissant les enfants (*alors on présenta à Jésus...*), d'après *Cazes*, par *Valée*; — Jésus à table chez Simon le pharisien. (*Mulier quæ erat....*), d'après *Ch. Lebrun*, par *C. Duflos*; — *Résur-*

rection du Lazare (Dominus mortificat et visitat.) d'après *Verdier*, par *Jacob;* — *La Cananéenne* (semper operare...); — La *Samaritaine* (si quis sitit...) d'après *Annibal Carrache*, par *Jean Audran;* — *Jésus-Christ guérit l'aveugle-né*, d'après *Le Sueur;* — *Jésus-Christ ressuscite la fille de Jaïre*, d'après *C. de Lafosse;* — L'entrée de Jésus-Christ dans Jérusalem. (*Benedictus qui venit...*), d'après *N. Vleughels*, par *S. Vallée;* — *Jésus tenté par le Démon dans le désert*, d'après *Mucian;* — Jésus dans le désert servi par les anges. (*Tunc reliquit eum diabolus...*), d'après *Ch. Lebrun*, par *N. Tardieu*. Drevet Exc.; — *Jésus lave les pieds des apôtres. Poilly Ex.;* — *Jésus-Christ à table avec deux de ses disciples dans le château d'Emaüs*, d'après le *Titien*, par *Audran;* — La Cène. (Jésus-Christ prenant le calice...) d'après *N. Vleughels*, par *E. Jeaurat 1724;* — Même sujet. (Desiderio desideravi...), d'après *P.-P. Rubens*. Pièces cintrées.

15 cuivres. Haut. 36 cent. env. sur 24 cent. env.

835. Collection de vingt-quatre planches de différents sujets de l'histoire sacrée, savoir :

Jésus au jardin des oliviers. (*Abba pater, omnia tibi.*) d'après *Ant. Dieu*, par *N. Tardieu;* — Même sujet. (*Et ipse avuleus est....*) par *Drevet;* — *Même sujet. (S'il se peut, ah mon père!....)* d'après *Ch. Lebrun ;* — Même sujet. (*Je frémis à l'aspect de cet affreux calice....*) d'après *Michel Corneille*, par *J. Thomassin;* — *La flagellation*, d'après *Ch. Lebrun*, par *C. Tardieu ;* — *Jésus couronné d'épines*, d'après *A. Dieu*, par *N. Tardieu;* — Ecce Homo. (Exivit ergo Jesus....) d'après *P.-P. Rubens*, par *Aubert 1723;* — Jésus conduit au Calvaire. (ils prirent Jésus et l'emmenèrent....) d'après *Ant. Dieu. Drevet Ex;* — Jésus élevé sur la croix, pour titre : O mort, où est ta victoire, d'après *Van-Dyck*, par *J. Audran;* — Jésus en croix (O vous tous qui passez....) d'après *Van-Dyck*, par *Cl. Duflos ;* — La descente de croix (Joseph ab Arimathæa....) d'après *P.-P. Rubens*, par M. *Aubert* 1727 ; — Même sujet. (J'ai répandu mon sang....) d'après *Ch. Lebrun*, par *Cl. Duflos* ; — Jésus-Christ descendu de la croix (J'ai vécu , j'ai souffert....), d'après *le même* ; — Le corps de Jésus entre les bras de sa mère (Venez et voyez.), d'après *Diepenbeck* ; — Même sujet, pour titre : *La Vierge de douleurs*, d'après *A. Carrache*, par *Haussard et Tardieu* ; — Même sujet, (Attendite et videte si....) d'après *Ch. Lebrun*, par *E. Jeaurat* 1720; — La *transfiguration de Jésus-Christ*, par *J. Cherean* ; — La résurrection (Terrræ motus factus....), d'après *N. Vleughels*, par *E. Jeaurat 1718* ;— Même sujet (Alors il se fit un grand tremblement...), par *Haussard* ; — *La résurrection de notre seigneur Jésus-Christ*, d'après *P.-P. Rubens*; —L'ascension, (Videntibus illis, elevatus est. .) d'après *F. Verdier*, par *J. Haussard*; — *La Pentecôte*, d'après *Ch. Lebrun*, par *Crespi* ; — Même sujet (Veni sancte Spiritus), d'après *Cazes*, par *Valée* ; — Même sujet (Repleti sunt omnes....) , d'après *Hallé*, par *E. Jeaurat*. Pièces cintrées.

24 cuivres. Haut. 36 cent. env. sur 24 cent. env.

836. Collection de neuf planches de divers sujets de l'histoire sacrée, depuis l'annonciation jusqu'au retour d'Egypte, savoir :

L'annonciation, d'après F. *Le Moyne*, d'après *Lucas*; — *La visitation*, d'après *Jouvenet*, par *Lucas*; — Même sujet. *La visitation*, d'après le *frère Jean André*, par *J. Chereau*; — La fuite en Égypte (qui consurgens acceptit...); — Même sujet. (Modèle d'obéissance.); — Même sujet. (La fuite en Egypte), d'après *Michel Corneille*, par Cl. *Duflos* ; — Sainte famille. (l'enfant Jésus à St-Joseph. Pourquoy....), d'après *Carl. Maratti* ; — Le Retour d'Egypte. (*La sainte famille de Jésus-Christ*); d'après G. *Seghers* ; — Le même sujet. (*Erat subditus illis*.), d'après P.-P. *Rubens*, terminée par M. *Aubert* 1724. Pièces cintrées.

9 cuivres. Haut. 36 cent. env. sur 24 cent. env.

837. Collection de dix planches de divers sujets de l'histoire sacrée, savoir :

Adam et Eve dans le paradis terrestre. (Adam et Eva immenso....), d'après le *Dominiquin*, par *B. Picart*; — *Apparition de l'ange*, d'après *F. Verdier*, par *Haussart*; — L'annonciation (Matri Domini ancillam se dicenti.); — *Nativité*, d'après *F. Verdier, Tardieu Ex.*;— L'adoration des mages. Planche sans aucun titre ni noms de maîtres; — *Purification*, d'après *F. Verdier*, par *Haussart*; — Jésus au milieu des docteurs (Accademia subtilis doctoris; — La Pasque. — Jésus en croix. — La Pentecôte. Ces trois dernières planches sans aucuns titres ni noms de maîtres.

10 cuivres. Haut 29 à 35 cent. sur 22 à 24 cent.

838. La visitation de la sainte Vierge. Sujet dans une bordure ovale, planche gravée par *F. Poilly*, d'après *Charles Lebrun*, pour titre : *fecit mihi magna qui potens est.* Lucæ 1, au dessous on lit en trois lignes : *O Jesu vivens in maria.... gloriam Patris. Amen.*

1 cuivre. Haut 44 cent. sur 34.

839. *Visitation de la sainte Vierge.* Planche gravée par *P. Daret*, d'après *Michel Corneille.*

1 cuivre. Haut 50 cent. sur 34.

840. La résurrection de Lazare. Grande planche gravée en manière noire, sans aucuns titres, ni noms d'artistes.

1 cuivre. Larg. 81 cent. sur 63.

841. *La Chananéenne.* Planche gravée par *Aubert*, d'après le tableau *de Plate Montagne*, qui est dans l'église de Saint-Martin-des-Champs de Paris.

1 cuivre. Haut 43 cent sur 31.

842. Deux sujets de la vie de N. S. Jésus-Christ, savoir : *Le miracle des cinq pains*; — Et *la conversion de Zacchœé.* Planches gravées, par *J. Audran.* Pour titre de la première planche : *Dans un Desert..... Et deux petits*

*poissons. Saint Jean, 6.; et à la deuxième planche :
Zacchœé festinans... me manere. Cap. XIX.*

2 cuivres. Larg. 70 cent. sur 57.

843. Jésus et la Samaritaine. Pour titre : *Quia ipse sitiebat
fidem ejus, eidem sanctum dare cupiebat.* On lit à gauche : *Phil. de Champagne pinx.* Et à la suite : *G. Edelinck sculp.*

1 cuivre. Larg. 39 cent. sur 36.

844. Jésus-Christ lavant les pieds de ses apôtres (*Exem-
plum dedi vobis....*), d'après *Berlin*, par *Lucas* ; — Jésus guérissant les malades à Génézareth (Et cum trans-
fretassent, venerunt....), d'après *J. Jouvenet,* par *Pierre
Aveline.*

2 cuivres. Larg. 41 et 43 cent. sur 29.

845. Jésus un roseau à la main et couronné d'épines, est
présenté au peuple; pour titre, on lit : *Ecce Homo.* Et au
dessous en une seule ligne : *Jésus sort couronné.....
Crucifiez le!* à droite : *Petr. de Jode sculp.* Et à gauche:
Abr. A. Diepenbeke inv.

1 cuivre. Haut 46 cent. sur 33.

846. Jésus traîné au supplice, succombant sous le poids de
la croix ; d'après *Ant. Van-Dyck.* Deux planches du
même sujet, avec quelques différences ; on lit pour titre
de l'une : *Iesvs Baivlans sibi Crvcem Exivit in evm
qui dicitvr Calvariæ Locum. Iqoan XIX.* Et à droite:
Cornelius de Boudt excudit Antuerpiæ ; — Le titre de
l'autre planche commence par : Et *Baivlans.* Et se
termine de même. On lit, à droite : *Franciscus Van
den Wyngaerde Excudit* ; et à gauche : *Anton. Van-
Dyck pinxit.*

2 cuivres. Haut 46 cent. sur 34 et 38 cent. sur 29.

847. Jésus-Christ descendu de la croix. Au milieu de la
marge, on lit pour titre : *Descente de croix;* et au
dessous en une seule ligne : *Si nous sommes heureux...
le salut et la vie;* à droite : *G. Galle exc.* Et à gauche :
A VanDyck pinx.

Le même sujet gravé en contre-partie. Et de mêmes dimensions. Planche sans aucun titre, ni noms de graveur ni d'éditeur.

2 cuivres. Larg. 44 cent. sur 33.

848. Une descente de croix. Pour titre : *O ! vos qui transilis per viam attendite et videte, si est dolor sicut dolor meus.* On lit à droite : *François de Poilly sculpsit.* Et à gauche : *Car. Lebrun invenit et pinxit.*

1 cuivre. Haut. 59 cent. sur 46.

849. Sept planches diverses de Christ en croix, toutes d'après des tableaux de *Charles Lebrun*, savoir :

1° Une planche gravée par *J. B. de Poilly.* (J'ai vécu, j'ai souffert....) — 2° Une autre : *N. Tardieu excudit.* (Alterum pro se filium....) — 3° Une autre : à *Paris, chez Audran.* (O âme rachetée de mon sang....) — 4° Une autre par *Pierre Picault.* (Il s'est rabaissé....) — 5° Une autre.) Il s'est humilié lui-même....) — 6° Une autre, par Lucas. (*Sic Deus dilexit mundum*). — 7° une autre. (Attendite et videte...) Les six derniers sujets sont cintrés.

7 cuivres. Haut. 36 cent. sur 24 cent. environ.

850. Sept planches de diverses compositions de Christ en croix, d'après divers peintres et sculpteurs, savoir :

1° Une planche, d'après *A. Coypel.* (C'est pour nous qu'il est mort....) — 2° Une autre d'après *Laurent de la Hyre.* (Vulneratus est propter....) — 3° Une autre d'après *F. Girardon*, par *Cl. Duflos.* (En celsa sedes....) — 4° Une autre d'après *Restout* Pour titre : *tout est consommé.* — 5° Une autre sans noms de peintre ni de graveur. (Approche pécheur de ce lieu.) — 6° Une autre. Pour titre : *Jésus-Christ mort.* — 7° Une autre d'après *Fr. Girardon,* par *Cl. Duflos.* (Sic Deus dilexit mundum.) Toutes planches cintrées.

7 planches. Haut. 36 cent. sur 24.

851. Cinq planches de différentes compositions de Christ en croix, d'après divers peintres, savoir :

1º Une planche, d'après *Carle Vanloo*, gravée par *F. Delagorgue.* (Semet ipsum obtulit immaculatum.) — 3° Autre planche, d'après *Jeaurat*, par *Duchange.* — 3º Autre planche, d'après *Le même*, gravée par *B. Lépicié.* (De ce dernier soupir....) — 4º Une autre planche, (Pécheur, tu le vois mort ce Dieu...) — 5º Une autre planche. (Humiliavit semet ipsum....) A droite, dans l'angle : *Lichery pinxit. J. Heinselmann sculpsit.* Et à gauche : *Simon Jaillot invenit et sculpsit in Ebore.*

5 cuivres. Haut. 37 cent. sur 25.

852. Six planches de différentes compositions de Christ en croix, savoir :

1º Une planche, d'après *Michel-Ange*, gravée par *Maugain.* (Le fruit, le serpent et la croix....) — 2º Une autre, d'après *F. Girardon*, par Lucas. (En celsa sedes....) — 3º Une autre, d'après *le même*, par *G. F. Schmidt* ; avec les mêmes vers en latin et en français pour titre. — 4º Une autre, d'après *Ch. Le Brun.* Pour titre : *Jésus-Christ mourant.* — 5º Une autre, d'après *le même*, par *C. Duflos.* Pour titre : *spectacle digne d'un chrestien.* — 6º Une autre, sans noms d'artistes. (Regardons tous confus....) Ces six planches avec fonds blancs ; les trois dernières sont cintrées.

6 cuivres, Haut. env. 38 cent, sur 25 env.

853. Trois planches de Christ en croix, savoir :

Une planche, d'après *Ch. Natoire.* (Crucifixus, mortuus.) — Une autre, d'après Ch. *Le Brun*, gravée par *F. Harrewyn.* (Post tot susceptos....) — Une autre, d'après *Gérard de Lairesse*, sans aucuns titres ni nom de graveur.

3 cuivres. 2 lots.

854. Jésus-Christ en croix, d'après *Ch. Le Brun.* Pour titre : *Je suis mort pour vous ; ne vivez que pour moi.*

On lit au-dessous : à *Paris, chez P. Drevet, graveur du roi, aux galeries du Louvre.*

1 cuivre. Haut. 53 cent. sur 33.

855. Un Christ en croix, avec fond noir. Pour titre en une seule ligne : *Hic est Jesvs.... Et fortitudo.* Au-dessous, à droite, à Paris, chez F. Landry, rue Saint-Jacques, à Saint-François.

1 cuivre. Haut. 68 cent. sur 47.

856. La Transfiguration de N.-S. Jésus-Christ, d'après le tableau de Raphaël. Dans la marge, on lit à gauche, pour titre, en trois lignes : *Jésus ayant pris.... fut transfiguré devant eux.* A droite, se trouve la traduction de ce titre en latin. A gauche : *S. Valé, sculp.* Et à droite : *Drevet ex.* Et plus bas à gauche : à *Paris, chez Basan, graveur, rue du Foin.*

1 cuivre. Haut. 47 cent. sur 31.

857. Autre planche de la Transfiguration, d'après Raphaël, gravée par *Cholet.* Pour titre en sept lignes : *J.-C. ayant pris avec lui..., puisse opérer le miracle.*

1 cuivre. Haut. 46 cent. sur 29.

858. Suite de quatre sujets religieux, savoir :
La *Résurrection ; — L'Assomption ; — La Pentecôte.* Et la Gloire de Dieu. Ce dernier sans aucun titre. Planches avec encadrements de riches bordures, gravées par *J. B. Tilliard.* d'après C. Monnet.

4 cuivres. Haut. 34 cent. sur 22.

859. L'Assomption de la Sainte-Vierge. Pour titre : *Assumpta est Maria.... angeli.* Planche gravée par *F. Ragot,* d'après *P. P. Rubens.*

1 cuivre. Haut. 63 cent. sur 44.

860. Quatre sujets de dévotion en buste et mi-corps, savoir :
Intérieur de la Sainte-Vierge. — Saint Joseph tenant sur ses genoux l'enfant Jésus. (*Ego ponam.... terræ.*) — *Mater amabilis. —* Et *Jesus amabilis.* Planches gra-

vées par *J. Boullanger*, d'après *Claude Lefebure*, *Coypel*, et *Ch. Le Brun*. Au bas du trait carré, sur la première planche, on lit : *F. Poilly* Excudit cum privilegio regis. Et au-dessous des titres des deux derniers, à Paris, chez *P. Drevet*. etc.

4 cuivres. Haut. 43 cent. sur 32.

861. Deux sujets de dévotion, dans des bordures rondes et ovales, savoir :

Ecce homo, par *Etienne Picart*. (Stephanus Picart Romus sculpsit, etc.), d'après l'*Albane*. (Franciscus Albanus, pinxit Romæ in palatio ducis Salviati.)

La sainte Vierge couronnée par l'Enfant-Jésus, pour titre : *Veni coronaberis*; à droite dans le travail, on lit : F. Poilly, ex. cum privil. reg.

2 cuivres. Haut. 43 cent. sur 32 et 35 cent.

862. Deux sujets de dévotion dans des bordures ovales, savoir :

La sainte Vierge en contemplation et les mains jointes : *(Meditabor columba.)* — Et le sauveur du monde, la main gauche appuyée sur le globe, surmonté d'une croix. *(Faceant ad me Insulæ.)* deux planches gravées par *G. Scottin*, d'après *Laurent de la Hyre*.

2 cuivres. Haut. 43 cent. sur 35.

863. Saint Pierre. *(Petrus flevit amare.)* *G. Rousselet sculp.* Et ex. c. priv. reg. *Guido Reni* pinx. — *Adoremus*, dessiné et gravé par *J. M. Leroux*, en 1807. — Et le *Sommeil de l'Enfant-Jésus*. Cette dernière planche gravée par *Gabrielle Coignet*.

3 cuivres. De dimensions diverses.

864. *Jésus sauveur du monde*. Poilly sculpsit. Sœur Clair pinxit. — *Sauveur du monde*. Poilly sculpsit, Le Brun pinxit. — *Portrait de N. S. Jésus-Christ* (Représenté de la même manière.... de Valladolid.) — *Ecce Homo*. — Le même titre : *Ecce Homo* à cette deuxième planche : *Cor. de Boudt, excu. ant.* — Sainte Véronique tenant un

mouchoir où est représentée la sainte Face. (Aspice quem.... Lachrymas), d'ap. Simon *Vouet*, par *C. David.* 6 cuivres. Haut. 25 à 35 cent. sur 19 à 25 cent.

865. La *Conception de la sainte Vierge*, figure de 6 pieds de haut, exécutée en argent, à Saint-Sulpice, par Ed. Bouchardon. — *Ecce Homo*, sujet de demi-figures, sans aucuns noms d'artistes. — *Saint Jean.* (Ante-ivit Chris - tum Baptista....), d'après Le Guide, par Daret. P. Ma- riette ex. — Sainte Foy. (Sollicitée par Dacian....) — Sainte Magdeleine. Planche en largeur. (Magdeleine rappelant dans son esprit....)
5 cuivres.

866. *Jésus-Christ au tombeau*, d'après Le Guide, planche par Bourgeois de la Richardière. — *La Sainte Famille* (et verbum caro....), d'après Le Brun, par Maillet. — *Sainte Thérèse. (Prière.* Seigneur, renouvelez....) Cette dernière planche gravée en manière noire.
3 cuivres.

867 La *Cène*, dessinée d'après le tableau original de Léo- nard de Vinci, à Milan, et gravée par Le Beau. Larg. 44 cent. sur 25 cent.
La *Sainte-Vierge, l'Enfant-Jésus et saint Jean-Bap- tiste* (il baise les pieds....), gravé d'après Le Guide. Sans nom de graveur. Haut. 44 cent. sur 28 cent.
2 cuivres. 2 lots.

868. Divers sujets religieux, savoir : *Portrait de N.-S. Jé- sus-Christ* (représenté de la même manière....). Buste. — *Jésus.* — Et *Marie.* Deux portraits en buste, d'après Le Brun , par Benoist. — *Saint Paul* tenant un glaive renversé. — *Saint François de Sales, évesque et prince de Genève. — Saint Eloy, évêque de Noyon;* D'Ulin pin- xit, Chereau excudit. — *Saint François. — Saint Louis, roi de France.— Saint Eloy.* (Oraison. O grand Dieu...) d'après Delaunay, par Charon. — *Sainte Scolastique.* — *Saint Jean-François Regis, de la société de Jésus.*
11 cuivres.

869. La sainte Vierge tenant dans ses bras son divin fils.
(Sancta Maria.... clara.) — Saint Joseph. — Saint Nicolas, — et sainte Anne. (Avdi filia.... Decorem tvvm.)
Les deux premiers portraits sont à mi-corps ; et les deux
derniers sont en pied.
     4 cuivres. Haut. 69 cent. sur 45.

870. *S. François Xavier.* A droite de ce titre on lit: *P. Pon-
tius sc.* Et à ganche : *Gerard Seghers pinx.*
     1 cuivre. Haut. 42 cent. sur 29.

871. *Sainte Anne.* Au dessus de ce titre, on lit en une seule
ligne : *Ma fille, prêtez l'oreille... Votre gloire.* A droite :
C. Galle excudit. Et à gauche : *Paul Rubens pinxit.*
     1 cuivre. Haut. 44 cent. sur 33.

872. Saint Louis prosterné devant la sainte couronne
d'épines. Dans la marge, on lit pour titre : *Qu'il s'élevait!
en s'abaissant ainsi.* A droite : *G. Edelinck sculp.* Et à
gauche, *Le Brun pinxit.*
     1 cuivre. Haut. 48 cent. sur 34.

873. *Saint Vincent de Paul, fondateur des Enfants trouvés.*
On lit, à droite de ce titre : *Audran sculp.* Et à gauche :
N. Zuccarelli pinx.
     1 cuivre. Haut. 47 cent. sur 34.

874. Collection de quatorze portraits en pied, d'après *François Boucher*, savoir : *Jésus-Christ et la Sainte-Vierge,*
plus les douze apôtres : *Saint Pierre.* — *Saint Jean.*
— *Saint Paul.* — *Saint Mathieu.* — *Saint André.* —
Saint Jacques-le-Majeur. — *Saint Jacques-le-Mineur.*
—*Saint Jude.* — *Saint Barthelemy.* —*Saint Mathias.*
— *Saint Simon* — *et Saint Thomas.* Planches cintrées
gravées en 1726, par S. Vallée, J. Haussard, E. Jeaurat, M. Aubert, L. Jacob, et E. Brion.
     14 cuivres. Haut. 36 à 37 cent. sur 23.

875. Collection de quatorze portraits de saints en pied,
d'après différents maîtres, savoir : *Saint Ambroise,*

d'après Valleau. — *Saint Antoine*, d'après Ph. de Champagne. — *Saint Antoine de Padoue.* — *Saint Aloysius Gonzaga et saint Stanislaus Kostka.* — *Saint Benoist.* — *Saint Bruno*, d'après C. Lafosse. — *Saint Charles Borromée*, d'après Ch. Le Brun. — *Saint Claudius Episcopus*, d'après P. d'Ulin. — *Saint François*, d'après Pierre. — *Saint François de Sales*, d'après G. Huret. —*Saint François d'Assise.* — *Saint Louis*, d'après C. Hallé; — *Saint Sébastien*, d'après J. Christophe. — *Saint Vincent.* Planches gravées par Ph. Coulet, L. Jacob, P. Picault, C. Cochin, M. Aubert, et autres. Pièces cintrées.

14 cuivres. Haut. 34 à 36 cent. sur 22 et 23 cent.

876. Autre collection de douze portraits de saints en pied, d'après différents maîtres, savoir: *Saint François*, d'après Annibal Carrache. — *Saint François de Sales*, d'après A. Chevalard. — *Saint Charles Borromée*, (Ego sum pastor bonus), d'après Mignard. — *Saint Etienne*, (hostia pacifica...) d'après Ch. Le Brun. — *Saint Jean dans le Désert*, d'après Raphaël. — *Saint Laurent*, (ce martyr ne craint pas...) d'après Lesueur. — *Saint Michel*, d'après Raphaël. — *Saint Napoléon martyr*, d'après Fr. Gerbo. — *Saint Pierre sur les eaux*, d'après Lanfranc. —*Saint Roch*, d'après Rubens. — *Saint Sébastien*, d'après Annibal Carrache. — *Sainte Thérèse et saint Jean de la Croix*, d'après Corneille. Planches gravées par C. Duflos, E. Lepicié, J. Haussard, Charon, et autres. Pièces cintrées.

12 cuivres. Haut. 36 cent. sur 23 cent.

877. Collection de onze portraits de saintes en pied, d'après les grands maîtres; savoir : *Sainte Anne*, d'après Rubens. — *Sainte Catherine*, d'après le même. — *Sainte Catherine de Sienne*, d'après F. Joan André. — *Sainte Cécile vierge...*, d'après Mignard. — *Sainte Françoise et sa compagne*, (in his omnibus...). —*Sainte Geneviève, patrone de Paris*, d'après Ch. Le Brun. — *Sainte Madeleine*, (*Madeleine n'est plus...*), d'après le même. —

Sainte Marguerite, vierge et martyre, etc, d'après Raphaël ; — *Sainte Marie Egyptienne, etc.*, d'après Beaugin ; — *Sainte Scholastique*, d'après Bonnart ; — *Sainte Thérèse* d'après F. de Laumermont, gravées par Dossier, M. Aubert, F. Chereau, Audran, P. Picault, C. Duflos, et autres. Pièces cintrées.

11 cuivres. Haut. 34 à 36 cent. sur 23 cent.

878. Collection de onze planches de portraits en pied, de saints, de saintes, et de divers sujets religieux ; savoir : *La Sainte-Vierge*, d'après la statue de Bouchardon ; — *L'Immaculée Conception.* — *Notre-Dame-du-Mont-Carmel* ; — *Sainte Anne, mère de la très Sainte-Vierge*, d'après Michel Corneille. — *Sainte Catherine, vierge et martyre*, d'après Smith. — *Sainte Catherine, vierge et martyre, priez pour nous.* — *Saint Joseph*, d'après Mignard ; — *Saint Michel*, (voici le Tabernacle...). — Saint Ignace. (*Surrexerunt filii ejus...*), d'après Jeaurat ; — *Saint Michel, victorieux du démon*, d'après Raphaël. — *Le roi David*, d'après le Dominiquin. Planches cintrées, gravées par C. Duflos, Basan, Sornique, Chereau, et autres.

11 cuivres. Haut. 34 à 36 cent. sur 23 cent.

879. Collection de dix planches de portraits de saints et de saintes, en pied ; savoir : *Saint Bernard.* — *Saint Bruno.* — *Saint François Xavier, apostre des Indes.* — *Saint Jean-Baptiste.* — *Saint Jean de Dieu.* — *Sainte Barbe.* — *Sainte Geneviève, patrone de Paris.* — *Sainte Geneviève*, (une simple bergère...). — *Sainte Marie Madeleine, — et sainte Véronique.* Gravées par Basin, Poilly et autres.

10 cuivres. Haut. 26 à 30 cent. sur 19 et 20 cent.

880. *Vie et martyre de sainte Philomène*, en neuf sujets sur la même planche ; plus deux autres planches faisant pendants. *La Vierge miraculeuse — et sainte Philomène.*
3 cuivres. Un seul lot.

881. Suite de quatre portraits des fondateurs de la Compagnie de Jésus ; savoir : *S. Ignatius de Loyola* ; — *Saint
François-Xavier ; — Saint François de Borgia* , — *et
saint Jean-François Regis*. Planches gravées par J. Aubert, d'après Natoire. Sujets cintrés.

    4 cuivres. Haut. 37 cent. sur 24.

882. Suite de sept portraits en pied, d'après *Philippe de
Champagne et Charles Le Brun*, savoir : *Le Bon pasteur;*
— Les quatre Evangélistes : *Saint Jean, saint Luc, saint
Marc, et saint Mathieu* ; — et les docteurs de l'Eglise :
Saint Augustin et saint Ambroise. Planches gravées par
Poilly.

    7 cuivres. Haut. 27 et 28 cent. sur 20 cent.

883. Collection de six portraits en pied de saints, d'après diverses compositions de maîtres anciens; savoir : *Saint
Augustin* , d'après Ph. de Champagne. — *Saint Bernard*, d'après J. Jouvenet, par Galand. *Saint Bruno*,
d'après le même. *Saint Charles-Borromé, cardinal archevêque de Milan ; — Saint François d'Assise*, d'après
Bon Boullogne, par Poilly. — *Saint Antoine de Padoue*,
d'après G. Seghers, par J. Noeffs.

    6 cuivres. Haut. 30 à 42 cent. sur 23 à 30 cent.

884. L'Enfant Jésus, assis sur le Globe de la Terre, est adoré
par des anges. Sujet mystique, ayant pour titre : *Si qvis
est parwlvs veniat ad me. Prou. 9. V. 4.* On lit au-dessus : *Parisijs apud P. Mariette via Jacobea sub signo
spei cum priuil. Regis.* A droite : *N. Pitau scup.* Et à
gauche *S. Francoys turonen inue. Et pinx.*

    1 cuivre. Haut. 50 cent. sur 35.

885. Deux sujets de dévotion, ayant pour titres dans les
marges du haut : *Hommage au Sacré Cœur de Jésus ; —
Et hommage au Sacré Cœur de Marie.* Dans les marges
du bas, on lit : Triomphe de N. S. Jésus-Christ, sauveur
du monde ; — Et triomphe de la très Sainte-Vierge
Marie, mère de Dieu. Planches gravées par *Blanchard*,
d'après les dessins de *Desrais*.

    2 cuivres. Haut. 36 et 37 cent. sur 28 et 24 cent.

886. Sujet mystique servant de frontispice à la Prière de la Confrérie des Agonisants, érigée en l'Eglise des Augustins Reformez du faubourg Saint-Germain, sous le titre et l'invocation de Saint Nicolas de Tolentin, etc., etc., on lit pour titre de l'estampe : *Souvenez-vous dans toutes vos actions de vostre dernière Fin, et vous ne pecherez jamais, Ecclesiastique. C. 7. V. 40.* Suivent les statuts de la Confrérie et la Prière. Planche gravée par *L. Moreau.*

1 cuivre. Haut. 55 cent. sur 39.

887. *Arbre de Vie.* Sujet mystique. Au dessous de ce titre on lit en trois lignes : *Venez-donc à moi... le plus pur.* Et ensuite l'explication du sujet, sur deux colonnes.

1 cuivre. Haut. 46 cent. sur 30.

888. Cinq sujets de morale religieuse ; savoir : Les Bergers d'Arcadie, d'après *N. Poussin.* (*Le souvenir de la mort au milieu des prosperitez de la vie*) ; — Dieu apparaissant en songe à Salomon, d'après *Eustache Lesueur*, par *B. Picart.* (*Salomon s'étant endormi... la terre*); — Tombeau brisé par un soldat ; d'après *R. A. Houasse*, par *L. Audran ;* dix vers en deux colonnes : (*Quel effroyable objet... trompé que lui*); — Les Emblêmes de la Mort, d'après *Bouchardon*, par *Aubert ;* au dessous d'une tête de mort, on lit : *Souviens-toi que tu n'es que poussière et que tu retourneras en poussière ;* dans la marge, douze vers en trois colonnes ; — les tables de la loi ; d'après *Vernansal,* par *S. Thomassin : La loi a été donnée par Moïse... etc.* Les quatre premiers sujets sont en largeur et le dernier en hauteur.

5 cuivres. 35 à 39 cent. sur 26 à 28 cent.

889. Huit planches de sujets de dévotion, savoir : Nº 1. Le Décalogue ou les Commandements de Dieu ; — 2. Instruction pour la confession ; — 3. La Sainte-Trinité ; — 4. La Très Sainte-Trinité, d'après *Le Guide;* — 5. Les Sacrés Cœurs de Jésus et de Marie, adorés par les anges, d'après Brenet ; — 6. Le Très Sacrement de l'Au-

tel ; — Soit loué le Très Saint-Sacrement de l'Autel ; —
8. Loué soit et adoré à jamais le Très Saint Sacrement
de l'Autel.

8 cuivres. Haut. de 34 à 37 cent. sur 23 à 29 cent.

890. *Les efforts et l'impuissance de l'athéisme; — l'Eglise
foudroie et terrasse l'Hérésie ;—et sainte Genevieve.* Cette
dernière planche gravée à la manière noire, par Barbié,
d'après Angelica Kauffman.

3 cuivres.

———◆◆———

DIFFÉRENTS SUJETS.

de Vierges et de Saintes Familles.

891. *La sainte Famille, d'après le tableau d'Annibal Carrache.* On lit à droite : *N. Poilly, sculp.* Et à gauche :
A. Carrache, pinx.

1 cuivre. Haut. 40 cent. sur 28.

892. Deux sujets de sainte Famille, planches gravées d'a-
près *Pierre Paul Rubens.* A l'une pour titre : « *Ecce
tv pvlcher es delecte mi, et decorus. canti 1°, canti 1°.* » A
droite : *Gillis Hendricx excudit.* Et à gauche : *Pet. Paul
Rubbens pinxit.* — La seconde planche n'a aucun titre.
On lit dans la marge au milieu : *P. P. Rubens pinx.* A
droite : *Franciscus Huberti excudit Antuerpiæ,* et à
gauche : *L. Vosterman sculp.*

2 cuivres. Larg. 42 cedt. sur 34.

893. Six sujets de sainte Famille, savoir : Quatre d'après
Raphaël, un d'après *Rubens,* et un d'après l'*Albane.* Par
différents graveurs. A plusieurs : *P. Drevet excudit. Cet
article pourra être divisé.*

6 planches.

894. La Sainte-Vierge tenant l'Enfant-Jésus dans ses bras. (*Sancta Maria avxilialrix passaviensis miraculis clara.*) Planche gravée par *Boullanger*, Herman Weyen exc. — *Mater modestissima.* A droite : de Poilly exc. C. P. R. à Paris, chez Daumont.

2 cuivres. Haut. 41 cent. sur 30 cent. Et la seconde 42 cent. sur 34 cent.

895. *Sancta Maria.* — *La Sainte-Vierge.* (O Vierge sainte....) — *Ave gratia plena*, d'après *Coypel.* (Un envoyé du ciel....)— La Sainte-Vierge, Jésus et saint Jean. (Hinc totus præcursor....) d'après *J. Sarrazin*, par *P. Daret.* Les trois premiers sont dans des bordures ovales.

4 cuivres. Haut. 26 à 37 cent. cent. sur 20 à 28 cent.

896. La Sainte-Vierge et son divin Fils, d'après *J. B. Santerre*, par *Tardieu, 1715.* — Sainte Famille, d'après *Carle Maratte*, par *Flipart.* — *L'ange gardien.* (Credo enim.... etc.) — *Sainte-Vierge, gravée par Drevet*, d'après *le tableau de Raphaël.* — Mère de Miséricorde, d'après *Le Brun*, par *Benoist.* — La *Sainte-Vierge* représentée en pied, avec une auréole. *Raphaël pinx.*

6 cuivres. Haut. 30 à 35 cent. sur 20 à 25 cent.

897. SAINTE-VIERGE, calquée et dessinée sur le tableau original de Léonard de Vinci, par Parizeau, élève de David. Planche gravée à la manière du crayon, par *Badoureau.*

1 cuivre. Haut. 66 cent. sur 50.

898. Cantique de la Sainte-Vierge. Sujet mystique composé de douze figures : ou lit dans la marge, pour titre : *Magnificat anima mea Dominum.* Et à la suite sur la même ligne : *Mon ame glorifie le Seigneur.* A droite : *J. Jouvenet pinx.* Et à gauche : *a Paris*, chez L. Jacob, *rue du Petit-Pont.*

1 cuivre. Haut. 59 cent. sur 39.

SUJETS DIVERS.

Genre, Histoire, Mythologie et autres.

899. *Le Centaure Nesse eulève Déjanire.* Planche gravée au burin, par *Audran*, d'après *Le Guide.*
   1 cuivre. Haut. 40 cent. 50 mill. sur 29 cent.

900. *Diane et Calisto.* — Et *Repos de chasse.* Deux sujets de formes ovales, gravées par *Aug. Legrand*, d'après *Valet.*
   2 cuivres. Larg. 31 cent. sur 27.

901. *La mort de Cléopâtre.* — Et *la mort de Didon.* Deux sujets gravés par Jean-Baptiste *Michel*, d'après Michel-Ange *Challe.* La première planche dédiée à M. le duc de Duras, et la seconde à M. le duc d'Aumont, avec armoiries de ces personnages.
   2 cuivres. Haut. 44 cent. sur 32.

902 *Mort de Didon.* — *Mort de Creüse.* — *Pyrame et Thisbée.* — *Le sacrifice d'Abraham.* Suite de quatre sujets gravés par E. *Jeaurat*, d'après N. *Breughels.*

903. *L'Amour dans les bras de sa mère*, planche gravée par P. H. *Jonxis*, d'après Lucas *Giordano*, — et Vénus et l'Amour aiguisant ses traits. Planche gravée au burin, sans aucun titre ni noms d'artistes.
   2 cuivres. Le 1er de 39 cent. de larg. sur 32 cent. Et le 2e de 46 cent. de haut. sur 35.

904. *La mort du chevalier d'Assas.* — Et *la Valeur récompensée.* La première planche gravée par J. B. *Devise*, d'après *Casanova.* Et la seconde par D***, d'après *Demarne.*
   2 cuivres. Larg. 42 cent. sur 35.

905. *Frédéric le Grand, roi de Prusse, faisant la revue de son armée pour l'expédition de la Bohème, au mois de*

juin 1778. — Et *l'empereur Joseph II, faisant la revue de ses troupes, accompagné de ses principaux généraux.* La première planche gravée d'après Daniel *Chodovieski,* et la seconde par *Rugel,* d'après G. Ch. *Brand.*
2 cuivres. Larg. 35 cent. sur 25.

906. *Les adieux de Calas à sa famille.* Peint et gravé par D. *Chodowiecki,* à Berlin. — Et *la malheureuse famille de Calas.* Cette seconde planche sans noms de graveur. L. C, *De Carmontelle,* delineavit 1765.
2 cuivres. Larg. 45 cent. sur 34.

907. *Offrande à la vertu* d'après *Raoux.* Planche gravée au burin, par *Audouin.* — *Sacrifice à Pomone,* au burin par Lucien. Deux sujets de formes ovales.
2 cuivres. Haut. 40 cent. sur 11.

908, Le *Juge ou la Cruche cassee.* — Et *l'Instruction villageoise.* Deux sujets d'après Philibert *Debucourt,* gravés par J. J. *Le Veau,* et E. J. *Glairon Mondet.* — Plus le *Mouchoir,* par Ch. F. Macret et Duponchel, d'après Tonnet.
3 cuivres. De différentes dimensions.

909. La *Marchande d'amours.* Planche gravée au burin par J. *Beauvarlet,* d'après *Vien.* — Un sujet historique. Pour titre, en six lignes sur trois colonnes. (*Cur animum sibi.... quam times ?)* par M^cl *Dorigny,* d'après *Michel Corneille.*
2 cuivres. Larg. 48 cent. 50 mill. sur 41 cent. Et larg. 42 cent. 50 mil. sur 39 cent.

910. Le *Passe-temps des soldats,* par *Le Vasseur,* d'après *Bourdon.* — Mort d'Astianax. Pour titre huit vers sur deux colonnes. *(Quelle aveugle fureur..... ses funérailles),* par L. *Desplaces,* d'après J. *Jouvenet.*
2 cuivres. Haut. 50 cent. sur 38 cent. Et haut. 46 cent. sur 34.

911. Le *Chiffre d'amour.* Planche gravée au burin par N. *de Launay,* d'après H. Fragonard. — Jeune femme ,

figure à mi-corps, coiffée d'une toque avec plume.
Pour titre : Dédicace à M. le marquis de la Salle. Planche
gravée au burin par Blot, d'après *Raoux*.

2 cuivres. Haut. 37 cent. sur 29. Et Haut. 34 cent. 50
millim. sur 23 cent. 50 millim.

912. Sainte Madeleine sous les traits de madame de la Val-
lière, gravée en 1754 par M^{el} *Salvador Carmona*, d'a-
près *Charles Le Brun*. Pour titre en quatre lignes sur
deux colonnes : *Magdalena dum gemmas... arte Deum.*
1 cuivre. Haut. 46 cent. sur 31 cent. 50 mill.

913. *Eléonore suce la blessure d'Edouard Ier, roi d'Angleterre. — Elisabeth Grey suppliant Edouard IV pour
restitution des biens de son mari. — The dukes of Nor-
thumberland.... etc. — The Danwager queen of Ed-
wards....* etc. Planches gravées au pointillé. Les deux
premières par *Pariset* et Mlle *Bareuille*, d'après Angélique *Kauffman*. Et les deux dernières par François
Bartolozzi, d'après *Cipriani*.
4 cuivres. Larg. 41 cent. sut 35.

914. La *Leçon d'union conjugale*. — Et *Défends-moi*. Deux
sujets gravés par Petit, d'après Boilly. Plus : Le pas-
sage du Ruisseau, par le même, d'après Garnier.
3 cuivres. Les deux premiers de 49 cent. de larg. sur
44. Et le troisième de 53 cent. de haut. sur 41.

915. La *Sentinelle en défaut*. — Et l'*Epouse indiserète*.
Deux sujets dédiés à Christian IV, gravés par N. *de
Launay*, en 1771, d'après des gouaches de P. A. *Bau-
douin*.
2 cuivres. Haut. 46 cent. sur 35.

916. *La serrure*. — Et *Qu'est-là*.... Deux sujets gravés par
Augustin Le Grand, d'après Vallet. — *Ah, s'il s'éveil-
lait !* — Et *Dors, dors*.... Deux sujets composés et gravés par N. F. Régnault.
4 cuivres.

917. *Trait de grandeur d'âme.* (Alexandre étant tombé malade....) *Eust. Le Sueur pinxit.* B. Audran sculpsit. — *Acis et Galathée.* C. Lafosse pinx., E. Jeaurat sculp. — *Abélard et Héloïse,* Marillier Del., fait par Le Beau. — Le *Tombeau de Nitocris, reine des Babyloniens.* Planche gravée par B. Picart, d'après Eustache Le Sueur,

    4 cuivres. Dimensions diverses.

918. *Le Joueur.* D. C.... pinx. L. C. T.... sculp. — *Samuel. Roze le Noir fecit.* Sujet oval. — *L'antropophage.* J. B. *Hilair Del,* J. *Mathieu sculp.*

    3 cuivres. Dimensions diverses.

919. *Les Pétards.* — Et les *Jets d'eau.* Deux sujets gravés par *Auvray,* d'après *Fragonard.* Plus une autre planche du second sujet, ayant pour titre : *Le Réveil des filles de Madame** M*^e *de modes.* — Et *J'y passerai.* Planche gravée par R. De Launay, d'après Antoine Borel.

    4 cuivres.

920. *La Fidélité en défaut.* Sujet en larg. dans un oval avec bordures, gravé au burin par A. F. *Hemery,* d'après F. *Lebel.* — *L'Esclave heureux.* Sujet en hauteur gravé au burin par J. *Mathieu,* d'après J. B. *Hilair.*

    2 planches. Larg. 34 cent. sur 31. Et l'autre. Haut. 41 cent. sur 31 cent,

921, Oh! *che gusto!* — Oh! *che Boccone!* — *Come la trovate!* Trois sujets dans des ovales gravés par *Terrier,* et autres d'après *Sicardi.*

    3 cuivres. Haut. 30 cent. larg. 18.

922. Le marchand de Cornes. (Le marchand aux maris.... Et réponse des maris au marchand....) Planche gravée par Fr. *Hubert,* d'après *Le Nain.* — La Chauffrette ou l'Ivrognesse endormie. Planche sans aucun titre.

    2 cuivres. Dimensions diverses.

923. Huit sujets de l'histoire d'Héloïse et d'Abélard, dans des médaillons de formes rondes et ovales, avec titre en anglais et en français, savoir : *Eloisa*; — *Abélard écrivant à Eloïse*; — *Abélard présente l'hymen*; — *Abélard et Eloisa surpris'd by fulburg*; — *La mort de Eloisa*; — *La séparation d'Abélard et Eloïse*; — *Eloïse pleurant sur le tombeau d'Abélard*; — *La rencontre d'Eloïse et d'Abélard aux Champs-Élysées*. Planches gravées par divers, d'après *Angélique Kauffman*, *Cipriani* et autres.

8 cuivres,

924. *Abélard et Héloïse*. Deux portraits dans des médaillons, au bas huit vers en deux colonnes.

Plus les portraits des mêmes personnages également dans de médaillons ovales. Ces derniers gravés par *Lenoble*, d'après *Gardner*.

4 cuivres. Haut 25 cent. sur 18.

925. Suite de cinq sujets de l'histoire de Geneviève de Brabant : *Sollicitation amoureuse de Golo*; — *Geneviève de Brabant vouée à la mort*; — *Sainte Geneviève des bois, comtesse de Brabant*; — *Geneviève attendrissant ses assassins*; — *Et l'Innocence reconnue*. Les quatre premiers sujets en hauteur et le dernier en largeur.

5 cuivres. 31 cent. sur 23.

926. Trois sujets de la *chaste Suzanne*, savoir : 1° Pour titre : *Ingemuit Suzanna.... quam peccare*. Daniel 1 3 4. Planche gravée par *Chateau*, d'après *Santerre*; — 2° *Modesty or Susanne at the Bath*, par *Burck*, d'après le même; — 3° Pour titre : *Suzanne surprise.... sa chasteté Daniel ch. 13. 4.* Cette dernière planche d'après *P.-P. Rubens*. Dans l'angle a droite on voit le monogramme M. L.

3 cuivres. Haut 36 cent. sur 24.

927. Le *chien du voyageur*; — *Le chien de l'hospice*. — *Le chien du fermier*. — Et *le chien du berger*, suite de quatre sujets réprésentant les quatre éléments : l'eau; la terre; le feu et l'air. Planches gravées par Charon, d'après Martinet.

4 cuivres. Larg. 31 cent. sur 26.

928. La *bonté maternelle*. Planche gravée par *Blot*, d'après *Aubry* ; — Et la *bouteille cassée*, par le C. d. L., d'après le tableau de *Bounieu*.

2 cuivres. Larg. 41 cent. sur 36 et 44 cent. sur 39.

929. La *conversation flamande*. Planche gravée par *E. J. Glairon Mondet*, d'après *Jean le Duc*. — Et le *cabaret*, par *R. Gaillard*, d'après Le prince.

2 cuivres. Larg. 48 cent. sur 42.

930. La *méditation* ; planche gravée au burin par *R. Gaillard*, d'après *Schenau*, 39 cent. sur 34. — Et le *repos des voyageurs*. Planche également gravée au burin, sans aucuns noms d'artistes. Haut. 37 cent sur 30.

2 cuivres.

931. *Adieux de Raoul de Coucy à Gabrielle de Vergy*, et suite. Quatre planches gravées par *Picquenot*, d'après *B. Cauvet*.

4 cuivres. Larg. 22 cent. 1/2 sur 18.

932. Quatre sujets de formes ovales, avec titres en anglais et en français, savoir : *Cupidon et Euphrosine* ; — *Cupidon et Aglayé* ; — *The Death of Lindamore* ; — *Lovelace en prison*. Planches gravées par *Th. Burk, Chaillon, F. Bartolozzi*, d'après *Angelica Kauffmann* et *J.-F. Rigaud*.

4 cuivres.

933. Dix sujets de formes rondes et ovales, avec titres en anglais et en français, savoir : *Cléopâtre se jetant aux pieds d'Auguste, etc.* ; — *Alexandre cédant sa maîtresse Campaspe, etc.* ; — *Cléopâtre qui couronne de fleurs, etc.* ; — *Aspasie instruisant deux jeunes Athéniennes* ; — *P. Præteclatus obsede, etc.* ; — *Blind Mans Buff* ; — *L'innocence en danger* ; — *Charlotte* ; — *Euphrosine* ; — *Credulous Lady and astrologer*. Planches gravées par divers, d'après *Angelica Kauffman* et autres.

10 cuivres.

934. Sept sujets de formes rondes, avec titres, en anglais et en français, savoir : *Vénus présentant Hélène à Pâris....* etc. — *Pâris aux pieds d'Hélène....* etc. — *Vénus supplie Ganimède de rendre....* etc. — *Flore arrange des fleurs....* etc. — *La Beauté gouvernée par la Raison...* etc.— *Zéphire et Flore.*— *Persévérance.* Planches gravées par divers, d'après *Angelica Kauffman, Chaillou* et *Boulogne.*

    8 cuivres.

935. Les adieux à l'Armée (le 20 avril 1814).—Et distribution des Drapeaux à l'Armée (le 5 décembre 1804). Deux planches sans aucuns noms d'artistes, gravés à l'aqua-tinta.

    2 cuivres. Larg. 58 cent. sur 46.

936. *Adam and Eve.* — *Bélisaire*, d'après David, par *Carrée.* La première planche de forme ovale, et la seconde en largeur.

    2 cuivres. Le 1er haut. 54 cent. sur 38. Et le 2me larg. 64 cent. sur 51.

937. *Young enterrant sa fille.* Planche gravée par J. J. F. *Tassaert*, d'après *Lemire le Jeune.* — Et *The night mare.* (Le Cauchemare.) Engraved by *Laurede. Parited by H. Fusley.*

    2 cuivres. Dimensions diverses.

938. *Les petits oiseaux.* — Et les *Petits lapins.* Deux planches gravées par Mme Marchand, d'après A. Hubert.

    2 cuivres. Haut. 24 cent. sur 17.

———————

VUES DIVERSES.

Paysages, Marines, Batailles, etc.

939. *Collection de fontaines, ponts et monuments* de la ville de Paris, dessinés par *Naudet*, et gravés par *Charon.* Recueil de dix-neuf vues.

    20 cuivres, y compris celui du titre.

940. Diverses vues de Paris, savoir : *Pont du Jardin du Roi ; — Façade du corps législatif ; — Château d'Eau ; — Colonne de la Paix ; — Arc de Triomphe du Carrousel ; — Fontaine du Regard ; — et Fontaine de la Place de l'École.* Planches dessinées et gravées par J. Vergnaux.

6 cuivres pour les sept planches.

941. Douze vues de ruines romaines, dessinées d'après nature par *S. Chays,* et gravées par lui à l'eau forte. N° 13. *Temple de Jupiter Ceraphis à Poussolle.* Et autres jusqu'au n° 24 inclusivement. Planches en haut. et en larg.

12 cuivres. 30 cent. sur 22.

942. Suites de six vues de ruines romaines, savoir : Temple de la Concorde, à Rome ; — De la ville Adrienne, deux planches ; — Vues d'Italie, deux planches ; — Temple de Jupiter tonnant, à Rome ; — d'après : *Clerisau, Robert et Boucher fils.* P. L. sc.

6 cuivres. Haut. 31 cent. sur 21.

943. *Vista de la Plaza y Corrida de Toros en Madrid.* Planche gravée par Le Beau. d'après Naudet ; — La danse du Bolero. (Prima postura en la accion de par la Vuelta).

2 cuivres. Dimensions diverses.

944. Suite de vingt-cinq petits sujets de figures et animaux, composés et gravés à l'eau forte, avec mélange de lavis, par *J. B. Huet,* sur trois planches. Plusieurs des compositions portent la date de 1788, après la signature, et deux la date de 1789.

3 cuivres. De dimensions diverses.

945. *Cahier de six paysages et vues près de Londres.* Planches numérotées 1 à 6, dans la marge à droite ; on lit sur la première : *Th. Vivares* del. et sculp.

6 cuivres. Larg. 15 cent. 75 mill. sur 13 cent.

946. Suite de dix-sept vues de jardins et parcs célèbres, tels que : *Vue du jardin de Ludovise,* et autres. Planches gravées par divers, d'après L. C. *de Carmontelle.*

17 cuivres. Larg. 48 cent. sur 31.

947. Suite de onze sujets, d'après *Philippe Wouvermans*, gravés au burin par *Picquenot*, savoir : Quartier général de l'armée hollandaise ; — Vue du grand marché aux chevaux d'Anvers, etc. ; — Départ pour la chasse à l'oiseau ; — L'arrivée des chasseurs ; — Retour de la chasse à l'oiseau ; — La prise du cerf ; — Accident de voyage ; — L'heureuse rencontre d'un galant, etc. ; — Quartier du rendez-vous ; — Départ des chasseurs ; — Quartier des vivandières hollandaises. Ces planches sont numérotées de 1 à 11, à droite dans la marge du haut.
11 cuivres. Larg. 25 cent. sur 18.

948. Première et deuxième vues des environs de la Sicile. Deux planches gravées par *Malbeste*, d'après *Lemay* ; — Vue d'un chemin qui conduit à Saint-Antoine de Pouzzoles ; — Vue d'après nature, dans les environs de Portici, etc. Ces deux planches gravées par *Couché* et *J. B. Racine*, d'après *Chastelet* ; — Ancien aqueduc de Preneste, proche Rome ; — et les Baigneuses. Ces deux dernières d'après *Corneille Poëlembourg*, par *Le Bas*.
6 cuivres. De diverses dimensions.

949. Débarquement des vivres ; — Les indécises. Deux sujets d'après *Berghem*, gravés par *Martini* et *Lefebvre* ; —Port franc, par *Weisbrodt* et *Daudet*, d'après *Van der Ulft* ; — Les Augures, par *Martiny*, et *J. P. Le Bas*, d'après *Salvator Rosa*.
4 cuivres de diverses dimensions.

950. Première et deuxième vues d'Avignon, par *Vieilh*, d'après *Noël* ; — Première et deuxième vues de Neuville, près Lyon, par *Laurent*, d'après de *Saint-Quentin* ; — Première et deuxième vues des environs de Nantes, par *Juillet*, d'après *Le Sueur* ;—Première et deuxième vues des rochers d'Otahiti, par *Gareau*.
8 cuivres. Dimensions diverses.

951. Première et deuxième vues des montagnes et rochers près de Ferney, par *J. Deny*, d'après *J. Pillement* ; —

Première et deuxième vues des environs de Manheim.
par *le même*, d'après *Mayer*.

4 cuivres. Larg. 24 cent. sur 19.

952. Première, deuxième, troisième et quatrième vues des
environs de Mantes, par *L. H. Jenner*, d'après *J. B. Huet*
et *Sarrasin*; — Première et deuxième vues des environs
de Mortagne, par *Ringuet jeune*, d'après *M. Hilaire*.

6 cuivres. Larg. 29 et 31 cent. sur 22 et 23 cent.

953. Cinq planches gravées par J. Ph. Le Bas ; savoir :
Vue des environs d'Anvers, d'après *Breughels de Velours*; — Environs de Fribourg ; — et Hermitage à deux
lieues de Fribourg. Ces deux sujets d'après *Dietricy*; —
Le Point du Jour ; — et le Déclin du Jour. Ces deux sujets d'après *Van de Velde*.

5 cuivres, de diverses dimensions.

954. Quatre paysages dessinés et gravés à l'eau forte, par
Louis Le Sueur; savoir : Vue des environs de Corbeil ;
— Vue d'un moulin, aux environs de Saint-Mandé ; —
Vue près de Saint-Mandé ; — et Vue d'une ferme au des-
sus de Saint-Maur.

4 cuivres. Larg. 21 cent. 50 mill. et 25 cent. 50 mill.
sur 16 cent.

955. Quatre paysages d'après *Lantara*, savoir : Profitons du
moment; — Le mal sans remède ; — La nappe d'eau ;
— Les chasse-marée. Planches gravées, les deux premières, par *Elvine Claris*; et les deux dernières par
Picquenot.

4 cuivres. Larg. 24 cent. sur 20.

956. Six planches gravées par *Picquenot*, savoir : Vue du
Prieuré des Deux Amants ; — Vue du Château de Robert
dit le Diable, etc. ; — Vue du château d'Arques, etc. ;
— Vue du château de Raoul de Coucy ; — Vue de l'abbaye de Jumieges; — Vue des restes de l'oratoire d'Abélard; d'après *Lantara, Ch. Le Carpentier* et *Bruandet*.

6 cuivres. Larg. 30 cent. sur 24.

957. Première, deuxième, troisième et quatrième vues des environs de Doblen en Saxe, par *Weisbrod* et *H. Guttenberg*, d'après *Wagner*; — et Première et deuxième vues des environs de Lucerne, par *Gareau*, d'après *Lucatelli*.

6 cuivres. Larg. 23 cent. sur 19; — et les deux dernières: Larg. 32 cent. sur 28.

958 Vue d'une partie du camp de Marsal sous M. de la Ferté en 1663; — et Départ des troupes françaises avec une partie de leur convoi pour Casal, etc.; ces deux planches gravées par *Picquenot*, d'après *Van der Meulen*; — Première et deuxième vues du Mein, par *A. Zingg*, d'après *Schutz*; — Deuxième et troisième vues des environs de Saverne, par *Aliamet*, d'après *J. P. Hakaert*.

6 cuivres. Dimensions diverses.

959. Tombeau de Jean-Jacques Rousseau (à Ermenonville); — Vue de l'abbaye du Paraclet... Ces deux planches gravées par *Picquenot*, d'après *Bruandet*; — Ancienne et première vue d'Arcueil; — et ancienne et seconde vue d'Arcueil. Ces deux plannhes par *Le Bas*, d'après *Oudry*; — et suite de quatre vues de Bruxelles.

8 cuivres. Dimensions diverses.

960. Cahier de quatre vues des environs de Marseille, dessinées d'après nature par Dominique, et *Hackaert*, gravées par *Benoist*; plus: Première et deuxième vues des environs du Havre; — Première et deuxième vues des environs de Caudebec. Ces quatre planches gravées par *J. B. Louvion*, d'après *L. Le Sueur*; — et troisième et quatrième vues des environs de Caudebec en Normandie, par *M*elle *de la Bichardière*, d'après *Huet*.

10 cuivres. Larg. 26 cent. 50 mill. sur 15 cent. 50 mill.; — et 25 cent. sur 18.

961. **La digue rompue; — Ruines du château de Couci; — Vue de Saint-Julien; — Vues des environs de Notre-Dame en l'Isle; — Vue du pont Habert; — Le château**

— du lieutenant-général de Troyes ; — Hermitage des environs de Troyes ; — Vue des environs d'Ostende ; —
et vue près de Carpentras. Neuf planches gravées par
Antoine, *Masquelier*, *Benoist* et *Vieilh*, d'après *D. F.
P.*, *Hackert*, *Benoist*, *Michaut* et *Noël*.

9 cuivres de diverses dimensions.

962. Le Petit fermier et la Petite fermière, deux sujets en
hauteur, d'après *Loutherbourg* ;—Première, deuxième,
troisième et quatrième vues des environs d'Etampes.
Cahier de quatre planches dessinées et gravées par *Sa-
razin*.

6 cuivres. Les deux premières, haut. 27 cent, sur 19
cent. ; — et les quatre autres, larg. 21 cent. sur 16 cent.
50 mill.

963. Vue de la Glacière , — Vue intérieure de la pompe à
feu de Chaillot; — Première et deuxième vue de Tre-
voux en Dombes; — Départ et arrivée du criminel con-
damné à cueillir le poison du Bohon Upas; — Charge de
cavalerie. Sept planches gravées par *Benoist*, *Taré
Taytor*, *R. R. Thomas* et *Pelicier*, d'après *Benoist*,
Hackaert, *Monnet* et *Daboz*.

7 cuivres de diverses dimensions.

964. Cinq cahiers de différents sujets de marines, gravés
d'après *N. Ozanne*, savoir :

1º Le premier cahier est composé de quatre planches
numérotées de 1 à 4. Le titre de la première planche est:
Première vue des environs de Toulon.

2º Le titre de la planche nº 1 du second cahier est :
Escadre à la voile saluant en virant de bord. Planches
numérotées 1 à 6.

3º Le titre de la planche nº 1 du troisième cahier,
composé de six planches, est : *Cahier de quelques vaisseaux à la voile.*

4º Le titre de la première planche du quatrième cahier,
composé de six planches, est: *Vaisseau en rade donnant
une fête.*

5º Le titre de la planche nº 1 du cinquième cahier, également composé de six planches, est : *Vue de l'Intendance de la Marine à Brest.*

28 cuivres. Un seul lot.

965. Six sujets de marine ; savoir : Vue du Cap de Bonne-Espérance, etc. ; — Beau trait de courage et d'humanité, etc. Ces deux planches gravées par *Y. Le Gouaz* et *J. Coiny,* d'après *N. Ozanne* ; — Citadelle au bord de la mer, par *Godefroy* ; — Vue du port et golfe de Calvi, etc. ; — Vue du golfe et du port de Saint-Florent. Ces trois planches d'après *La Croix* ; — Les Petites Cascatelles, d'après *J. Vernet.* Basan excud.

6 cuivres, de diverses dimensions.

966. Les ports : de *Bordeaux,* de *La Rochelle,* et de *Bayonne.* Planches gravées par *Mixelle, J. B. Chapuy,* et *Roger,* d'après *Ozanne.*

3 cuivres. Larg. 54 cent. sur 35.

967. *Combat de la Hogue.* Planche gravée au burin par *Voyrant,* d'après *J. B. West* ; — *La Peche,* autre planche gravée par *J. J. A... (Aliamet.)* d'après *J. Vernet.*

2 cuivres. Larg. 33 cent. sur 29 ; — et larg. 40 cent. sur 33.

PORTRAITS.

968. *Moreau général en chef de l'armée du Rhin.* Portrait équestre. Planche gravée par *Maradan,* d'après Vanderval.

1 cuivre. Haut 59 cent. sur 43.

969. *M{me} Henriette-Marie-Anne Defumel,* supérieure générale de l'Instruction charitable du saint enfant Jésus. Portrait en buste, gravé au burin par Bertonnier, d'après Mlle Louise Mauduit ; — *Sœur Marthe* secourant les

blessés en Russie en 1813. Portrait en pied ; — Le portrait en buste d'une sainte femme, planche gravée au burin, sans aucuns titres, ni noms d'artistes et d'éditeurs.

3 cuivres. 2 lots.

970. Quatre planches ou sujets avec différents portraits savoir : *Le Dejeuné de Ferney*, petit sujet de forme ovale gravé par *Canot* en 1775, d'après un dessin fait d'après nature ; — Le *Gateau des rois* (Pologne 1772 ;) — *Fœliciter audax. Godefroy inv.* Moette sculp. ; — Frontispice de l'histoire militaire de Flandre, etc ; avec le portrait de Louis XV en médaillon. Planche gravée par J. Tardieu, d'après C. Eisen.

4 cuivres de dimensions diverses.

971. Divers portraits, savoir : de *Cazales*, député de la Haute Garonne à l'assemblée nationale ; — De *Mlle Alexandrine St-Aubin*, dans le rôle de Cendrillon ; — De S. S. Léon XII, élu pape le 27 septembre 1823 ; — De *Guillaume premier*, roi des Pays-Bas ; — De *Frederique-Louise Wilhelmine*, reine des Pays-Bas ; — De *Frédéric Georges*, prince royal des Pays-Bas ; — De *Louis XVIII*. Deux planches ; — Et de S. A. R. *Madame Duchesse d'Angoulême*, par divers graveurs. Cet article pourra être divisé.

9 cuivres de dimensions diverses.

ÉTUDES

Et Principes de Dessins en tous genres.

972. Cinq cahiers d'académies, d'après *Jouvenet* et *Natoire*. Composés chacun de quatre feuilles.
20 cuivres. Haut 31 cent. sur 22.

973. *Nouveaux principes de dessin et différents caractères*

des passions, d'après *C. Lebrun* à Paris chez de Poilly. Cahier de seize planches, y compris celle du titre.
16 cuivres.

974. Deux planches de têtes d'études gravées d'après *Cipriani*. — Une planche du troisième Cahier de principes dessiné d'après nature, par le Poussin et gravé par Lucien ; — Le *Roman comique*; — *L'Eau*. Barbier fecit ; — Prudence and Beauty.
6 cuivres.

975. Trois cahiers de principes de dessin , par différents maîtres, composés chacun de quatre planches.
12 cuivres. Haut. 31 cent. sur 23.

976. Six études académiques, savoir : Les *amours en querelle*; — *Venus et l'Amour*; — *Hébé*; — *Adam*; — *Eve*; — *femme et enfant* (Ces trois dernières planches sans titres); d'après *Lafitte*, *Taillasson*, *Leclerc* et le *Dominiquin*.

Plus deux feuilles d'études de mains et de pieds, d'après l'antique.
8 cuivres.

977. Deux études de têtes de chevaux gravées à la manière du crayon, par *Marchand*, d'après *Perrin*.
2 cuivres. Haut 72 cent. sur 52.

978. Dix études anatomiques et ostéologiques du *cheval*, d'après *Aug Macé*, *Dupaty* et *Harguinier*. C. Parocel. Planches gravées à la manière du crayon, par *Auvray* et *Juillet*.
10 cuivres. 40 cent. sur 31.

979. Dix études de chevaux, d'après *J.-B. Huet* et *P.-P. Rubens*. Planches gravées à la manière du crayon, par *Legrand* et *Petit*.
10 cuivres. Larg. 40 cent. sur 29.

ARCHITECTURE ET ANATOMIE.

Suite et Recueils divers.

980. *Règle des cinq ordres d'architecture de Vignole.* Suite de cinq planches numérotées de 1 à 5, gravées par *Petit*, d'après *Soyer*. Larg. 54 cent. sur 40.

Plus une planche ayant pour titre dans la marge du haut : *Règle et détails généraux des cinq ordres d'architecture de Vignole, qui comprend les entre-colonnes et les portiques.* Larg. 38 cent. sur 25.

6 cuivres.

981. Recueil des cinq ordres d'architecture. Planches numérotées de 1 à 30.

30 cuivres.

982. Recueil de planches sur la grossesse. Planches numérotées de 2 à 7.

6 cuivres.

983. Suite de huit modèles de différentes voitures de ville. Planches numérotées de 1 à 8, gravées par Dubosq, d'après Sarette.

Plus deux planches de corbeilles de fleurs. Nos 1 et 2.

10 cuivres.

IMAGERIE SACRÉE,

Religieuse et de Dévotion.

984. Deux cent cinquante-neuf planches, par 4, 6, 8, 9, 10, 12, 16 et 20 sujets sur chacune, d'*imagerie* sacrée, religieuse et emblématique, parmi lesquelles se trouvent diverses suites et collections de sujets de dévotion, de l'ancien et du nouveau Testament. Cet article formera douze lots.

259 cuivres. 12 lots.

985. Collection de quarante-trois sujets de saints et de saintes, avec prières dans les marges du bas, trois planches contiennent chacune deux sujets ; en totalité quarante planches pour cet article.

40 cuivres. — Un seul lot.

986. Trente-cinq planches de sujets de saints, saintes et de vierges. Cet article pourra être divisé.

35 cuivres de différentes dimensions.

987. Quinze planches de divers petits sujets de dévotion, de saints et de saintes, avec bordures ornementées.

15 cuivres.

988. Vingt-sept planches de sujets de sainteté et de dévotion. Cet article pourra être divisé.

27 cuivres.

989. La *Vierge au Rosaire*, d'après Sébastien Conca ; — *Sainte-Vierge*. (La belle jardinière), d'après Raphael ; — *Sommeil de Jésus* (La Vierge au linge), d'après le même. Ces deux dernières planches gravées par Le Roy.

3 cuivres. La 1re haut. 22 cent., 50 mill. sur 15 cent. et les deux dernières, haut. 19 cent. sur 14 cent.

990. *Ecce homo* ; — *N. D. de Douleur*; — *Hommages aux sacrés cœur de Jésus et de Marie*, deux sujets faisant pendant ; — *Saint Louis de Gonzague, et saint Stanislas de Kostka*, deux sujets dédiés aux enfants vertueux ; — Et quatre portraits des papes Pie VI et Pie VII, etc.

10 cuivres.

991. Différents petits sujets de sainteté et de dévotion savoir : douze planches par 2 sujets sur chaque ;—Sept planches par 3 sur chaque ; — Et trois planches par 8 sur chaque ; en totalité vingt-deux planches.

22 cuivres. Un seul lot.

992. Le signalement *de N. S. Jésus-Christ* envoyé par Publius Lentulus, etc. — Et celui de la *bienheureuse Vierge, etc.*, tel qu'il a été dépeint par saint Luc, etc. — Le *Jugement dernier* (Mortels pensez-y bien); —

Saint ange gardien ; — *Jésus* (Venez à mon école); — *La reine des anges et des hommes*; — L'esprit de la bienheureuse sœur Marie de l'Incarnation, etc.
7 cuivres.

993. *N. D. de bon secours* ; — *N. D. de bonne délivrance* ; — *N. D. du Rosaire* (saint Dominique) ; — *N. D. des sept douleurs*, et *Jésus portant sa croix*, ces deux derniers sujets sur la même planche ; — *Bouquet divin* ; — *Symbole de paix*; — *Tableau de solides dévotions* (La Sainte Famille.)
7 cuivres. Huit sujets.

994. Cinquante - quatre planches d'emblèmes religieux, prières et sujets de dévotion. Cet article sera divisé.
54 cuivres. — Plusieurs lots.

995. Quarante-huit cachets de *Première Communion, Confirmation*, *Jubilé*, *Croix de Mission* ; des Confréries : *des sacrés cœurs de Jésus et de Marie*, de *N. D. du Scapulaire* et de *N. D. du Rosaire*, gravés sur vingt-cinq planches. — Cet article sera divisé.
25 cuivres. — Plusieurs lots.

996. *Chemin de la croix*, seize sujets sur deux planches;— *Les douze apôtres*, douze sujets sur deux planches : — *Les plaisirs du paradis*, une planche, douze sujets ; — *Rédemption et Passion de N. S. J. C.* en dix sujets sur une planche ; — *Eternité. Vérité* : pendant de la planche précédente.
7 cuivres. Un seul lot.

997. *Vie édifiante des sœurs de Charité*, en seize sujets de formes ovales sur deux planches ; — Autre suite sans titre en douze sujets sur deux planches ; — *Histoire de Tobie*, une planche, six sujets ; — *Histoire de Judith*, une planche six sujets ; — *N. D. de Délivrance*. Le même sujet répété neuf fois sur la même planche ; — *O crux ave,* le même sujet seize fois sur la même planche ; — Une planche contenant six sujets religieux : *l'Epiphanie*

et autres ; — Une autre planche contenant également
six sujets de saintes : *sainte Cécile* et autres.
10 cuivres. Un seul lot.

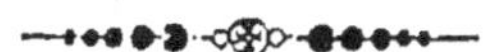

IMAGERIE PROFANE ET HISTORIQUE.

Caricatures, Charges, Costumes militaires, Jeux, etc.,

998. *Jugement universel* ; — Et *degrés des âges.* Deux grandes planches, sans aucuns noms de peintre ni de graveurs.
2 cuivres. Larg. 58 cent. sur 43. cent.

999. Une grande planche représentant les *assignats* et autres papiers-monnaies du temps de la république.
1 cuivre. Haut. 59 cent. sur 49 cent.

1000. Charges, caricatures et vues diverses, savoir : *Bo-
bèche et Galimafré,* une pl.; — *M. Dumolet,* une pl.;—
Mayeux, quatre pl.; — *Don Quichotte,* une pl.; — Le
Lutrin de campagne, une pl.; — *Jeux de société,* trois
pl. ; — *Caricatures parisiennes,* quatre pl. ; — Vue
perspective du champ de mars (Mme Blanchard en bal-
lon); — Et *Alger.*
17 cuivres.

1001. *Sujets grotesques,* trois pl.; — *Histoire et aventure de
M. Galimafré,* une pl. en haut., seize sujets; — Les
tours d'adresse, une pl. en haut., douze sujets: Mayeux ;
— Les *cris de Paris,* une pl. en haut., vingt-quatre sujets; — Suite de treize pl. numérotées 1 à 13 de costumes d'acteurs des différents théâtres de Paris; — Et
une planche de polichinelles, pierrots et autres personnages de marionnettes et ombres chinoises.
20 cuivres.

1002. *Les aventures de Télémaque,* quatre pl. de 4 sujets;

— *Les mois de l'année*, trois pl. de 4 sujets ; — *Petites chasses*, une pl.; — *Les osages et la giraffe*, deux pl. en haut. de 4 sujets ; — *Oiseaux et animaux*, cinq pl.; — La *vie d'un soldat*, une pl., 12 sujets; — *Histoire de voleurs et revenants*, deux pl.; — Costumes du temps de Louis XVI et autres, une pl.

19 cuivres.

1003. Quarante-quatre planches de sujets militaires et uniformes de différents corps des armées françaises et étrangères.

44 cuivres. Larg. 40 cent. sur 24 cent.

1004. Assassinat du duc de Berri et pendant; 28 et 29 juillet 1830 ; — Les aigles brûlées ; Les adieux de l'empereur à son armée, etc.; — Chapelle ardente de l'église Saint-Paul.

7 cuivres.

1005. Entrée de Napoléon dans la ville de Paris; — Idem au château de Schoenbrunn; — Vue de la décoration du feu d'artifice, etc., tiré à l'occasion de la paix avec la Russie et la Prusse ; — Vue perspective de la salle de spectacle et du pont de Bordeaux; — Vaisseau de premier rang portant pavillon de vice amiral.

6 cuivres. Dimensions diverses.

1006. *Jeux de dames*, français et polonais, quatre planches.

4 cuivres.

1007. Le *Jeu royal de l'Oie*, deux planches ; — *Lindor ou jeu du Nain jaune*, quatre planches dont deux pour les règles ; — *Jeu royal et géographique des départements de la France*, une planche.

7 cuivres.

1008. Nouvelle manière de tirer les cartes, inventée en 1835.

1 cuivre.

1009. Brevets : de pointe ; — De contre-pointe ; — Et de bâton.

3 cuivres.

1010. Quatorze planches de vignettes représentant des vaisseaux, pour têtes de lettres à l'usage des marins.
14 cuivres.

1011. Deux planches de *bons points* pour écoliers.
2 cuivres.

1012. *Nouveau livret d'arithmétique pour apprendre à
compter sans maître; — Table des distances des principales villes de commerce de France et d'Europe; —
L'art de panser et de guérir toutes les maladies des
chevaux.*
3 cuivres de différentes grandeurs.

CALLIGRAPHIE

Ou Principes et Modèles d'Écriture en tous genres.

1013. Ecriture anglaise dans sa perfection, par *Lépine*, ar-
tiste calligraphe breveté. Cahier de douze planches gravées par *d'Avignon*.
12 cuivres. Larg. 30 cent. sur 15.

1014. Cent soixante-neuf feuilles de principes et de modèles
d'écritures de tous genres, d'après les plus célèbres professeurs de calligraphie.
169 cuivres. Cet article formera 6 lots.

GÉOGRAPHIE ET CALCOGRAPHIE.

Cartes et Plans.

1015. Carte de la France, divisée en 86 départements, donnant les plans des principales villes, en rapport des unes
aux autres; avec les routes principales et les dis-

tances, etc., etc.; par N. L. Duchemin. Planches en deux
morceaux qui s'assemblent par superposition. Dimensions de la carte assemblée : Haut. 101 cent. sur 96 cent.
    2 cuivres.

1016. Autre carte de la France divisée en ses 86 départements et en arrondissements de sous-préfectures, avec
les chefs-lieux de cantons, par Hérisson, avec tableaux
statistiques de chaque côté.
    1 cuivre. Larg. 94 cent. sur 65.

1017. Carte ecclésiastique de France, divisée en 18 archevêchés et en 74 évêchés, d'après le Concordat, par J. B.
T. 1818.
    1 cuivre. Larg. 93 cent. sur 68.

1018. Cartes des royaumes d'Angleterre, d'Ecosse et d'Irlande, divisés en provinces, comtés et baronnies, etc.,
par le chevalier de *Beaurain*, géographe, corrigée et
augmentée. 1840.
    1 cuivre. Haut. 85 cent. sur 54.

1019. Carte des Pays-Bas, comprenant la Belgique, divisée
par provinces, et des pays circonvoisins, par Belleyme,
ingénieur géographe.
    1 cuivre. Larg. 92 cent. sur 60 cent.

1020. Carte des postes d'Allemagne, avec les États de la
Confédération du Rhin et des Etats voisins, etc., etc.,
par le sieur *Brion*, ingénieur géographe. Revue et corrigée par *Poirson*; carte en deux morceaux qui s'assemblent côte à côte. Dimensions de la carte assemblée,
106 cent. sur 75 cent.
    2 cuivres.
    Nota. Cet article est le même que le n° 759 (3e partie
du présent catalogue, page 68). qui n'a pas été vendu.

1021. Le plan de Saint-Pétersbourg, dressé par *A. R. Fremin*
1814 ;—Plan de la ville, faubourgs et environs de Saint-
Pétersbourg, etc.; avec carte particulière du cours de la

Néva, par Beaurain ; — Plan géométral de la ville de Moscow, ancienne capitale de l'empire de Russie, etc. 1801.

3 cuivres de dimensions diverses.

Nota. Cet article est le même que le n° 768 (3e partie du présent catalogue, page 71) qui n'a pas été vendu.

1022. Plan routier de la ville et des faubourgs de *Marseille.* Levé par Campen.

1 cuivre. Larg. 93 cent. sur 63.

1023. Quantité de planches gravées en tous genres omises au présent catalogue, seront vendues en plusieurs lots sous ce numéro de division.

DESSINS MODERNES.

Principes de dessin en tous maîtres, d'après les grands maîtres anciens et modernes, sujets historiques et de batailles ; sujets de genre, caricatures ; sujets religieux et de dévotion, paysages, etc.

1024. Quantité de dessins par différents artistes, tels que : *Chatillon, Dutertre, Lemire, Lafitte, Aubry, Martinet, Naudet, Blaizot, Beaugean, Bouchot* et autres.

Cet article formera 30 à 40 lots environ.

Nota. — Tous ces dessins ont été gravés, et les planches ont été éditées par la maison de madame veuve Jean. Ils ne sont donc vendus que comme œuvres de ces différents artistes sans aucun droit de reproduction ; *ce droit devant rester la propriété exclusive des acquéreurs des planches gravées.*

CALLIGRAPHIE, AUTOGRAPHE.

1025. Quantité de pièces manuscrites et originales d'exemples et de modèles d'écritures en tous genres, par les plus célèbres professeurs, tels que : *Bernard, Béaudon, Bourgoin, Gaullier, Gilbert, Huet, Léchart, Paillasson, Rolland, Rossignol, Saintomer* et autres.

Cet article formera plusieurs lots.

OBJETS DIVERS.

1026. Quelques lots de papier blanc pour impressions.

1027. Quantité de portefeuilles de toutes dimensions.

1028. Une presse à rogner avec ses accessoires.

1029. Quantité d'estampes et d'imageries en tous genres étrangères à l'ancien fonds de madame Jean ou provenant de planches qui en faisaient partie, et qui ont été détruites.

Cet article formera beaucoup de lots.

1030. Les articles omis au présent catalogue seront vendus sous ce dernier numéro de division.

FIN.